DUMONT EXTRA

Malta

Katja Müller

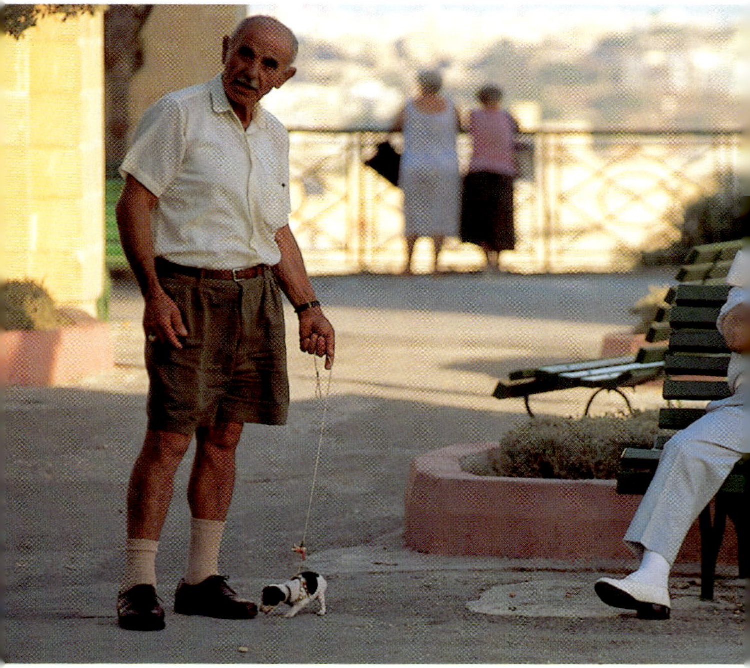

Inhalt

Merhba! *4*

Geschichte *10*

Gut zu wissen! *12*

Feste & Unterhaltung *14*

Essen & Trinken *16*

Sport & Freizeit *18*

Sprachführer *20*

Reise-Service *22*

Orte von A–Z *28*

Extra-Touren *82*

Extra-Tour 1 *84*
Megalithkultur und Naturgeschichte

Extra-Tour 2 *86*
Auf den Spuren des Johanniterordens

Extra-Tour 3 *88*
Die Pirateninsel Comino

Extra-Tour 4 *90*
Wanderung zu den Dingli-Klippen

Extra-Tour 5 *92*
Wo die Uhren langsamer gehen: Gozo

Impressum/Fotonachweis *94*

Register *95*

Mer

Ein Inselreich im Mittelmeer – für den perfekten Urlaub wie geschaffen: Von der Sonne Nordafrikas verwöhnt, haben Malta, seine ›kleine Schwester‹ Gozo und das Felseninselchen Comino für jeden Geschmack etwas zu bieten: Kulturfans werden von Megalithtempeln und den prächtigen Bauten des Johanniterordens in den Bann gezogen, Aktiv-Urlauber erwartet ein umfassendes Sport-

ıba!

angebot, und gestreßte Schüler können aufatmen: Englischlernen wird in einer der vielen Sprachschulen zum Ferienvergnügen. Aber man kann auch ›nur so‹ nach Malta kommen – um zu entspannen: an glasklarem Wasser, in idyllischen Straßencafés, auf Felsenklippen oder zwischen Feldern und Wiesen, die sich im Frühjahr in ein riesiges Blütenmeer verwandeln…

Malta
"Kleinod im Mittelmeer"

Die erste Bekanntschaft mit dem maltesischen Archipel vollzieht sich meist aus der Vogelperspektive: ein verheißungsvoller Blick aus dem Flugzeug hinunter auf drei Inseln im tiefblauen Mittelmeer. Dann ein letzter weiter Bogen über die Bucht von Marsaxlokk, und schon setzen die Räder auf der Landebahn von Luqa auf.

So bequem hatten es Neuankömmlinge früher durchaus nicht. Manch einer mußte mit schwankenden Holzplanken unter den Füßen vorliebnehmen, bevor er maltesischen Boden betrat. Allen voran die ersten Siedler, die vor etwa 9000 Jahren auf die Inseln kamen. Von dieser Zeit an ging es beinahe ›Schlag auf Schlag‹. Römer und Phönizier, Araber und Normannen, Ordensritter, Franzosen und Engländer – auf Malta gaben sich die Eroberer die Klinke in die Hand. Für zahllose europäische und osmanische Herrscher war die kleine Inselgruppe im Mittelmeer über Jahrhunderte hinweg ein Objekt der Begierde. Heute erfreut sich Malta zum Glück auch ganz ohne strategische Überlegungen großer Beliebtheit. Und das aus gutem Grund.

Mit einer Gesamtfläche von 316 km^2 nicht einmal halb so groß wie Berlin, wartet der Archipel mit einer Vielzahl von beeindruckenden Sehenswürdigkeiten aus den verschiedensten Epochen auf, allen voran die einzigartigen megalithischen Tempelanlagen auf Malta und Gozo, die noch älter sind als die ägyptischen Pyramiden. Noch heute belegen sie auf unvergleichliche Weise, wie hochstehend die Kultur jener geheimnisvollen frühen Bewohner war. Wird man jemals völlig entschlüsseln, wie es diesen Menschen gelang, riesige Steine mit einem Gewicht von mehr als 50 Tonnen über weite Strecken zu transportieren?

Kaum weniger faszinierend ist das Erbe des stolzen Johanniterordens, der fast 270 Jahre lang die Insel beherrschte und sie zum ›Schild Europas‹ gegen die Osmanen machte. Mit schier übermenschlichen Anstrengungen verwandelten die Ritter Valletta in die am besten befestigte Hauptstadt Europas, nachdem sie eine achtmonatige Belagerung durch die weit überlegenen osmanischen Truppen heldenhaft überstanden hatten. Die barocke Johannes-

Merhba

Mehr als nur Fels und Wasser: die Blaue Lagune vor Comino

Kathedrale, das entzückende Manoel-Theater und das ehemalige Krankenhaus der Johanniter, das wegen seiner vorbildlichen Krankenpflege weit über die Insel hinaus berühmt war, erzählen die Geschichte dieses mächtigen und unsagbar reichen Ordens.

Überhaupt scheint in Valletta die Zeit stehengeblieben zu sein. Gemütlich schlendert man durch schmale Straßen, vorbei an alten Hausfassaden, an denen die typisch maltesischen Balkone wie Schwalbennester kleben. Sie zeugen vom arabischen Einfluß, dem Malta lange ausgesetzt war. In reizvollen Cafés kann man die Seele baumeln lassen und das südländische Treiben auf den Straßen beobachten.

Quirlig geht es in den Touristenzentren entlang der Nordküste der Hauptinsel zu. Das breitgefächerte Hotelangebot – von der einfachen Pension bis zum internationalen Luxushotel – wird den unterschiedlichsten Ansprüchen gerecht. Restaurants, Cafés, Bars, Discos und ein vornehmes Spielcasino sorgen dafür, daß Langeweile ein Fremdwort bleibt. Wer hin und wieder die Stille sucht, steht aber auch in den Ferienorten im Inselnorden nicht völlig auf verlorenem Posten. Nur wenige Meter hinter der lebhaften Uferpromenade taucht man oft ein in eine andere Welt ein. Hier in den kleinen Seitenstraßen spielt sich der Alltag der Malteser ab.

Daß Malta mit über 1000 Einwohnern pro km^2 das am dichtesten besiedelte Land Europas ist, wird rund um die beiden Häfen – Marsamxett und Grand Harbour – besonders deutlich. Ein sprichwörtliches Häusermeer breitet sich vor dem Auge des Betrachters aus. Der dominierende Farbton ist Ockergelb, denn Globigerinenkalk, den man überall auf den Inseln in riesigen Steinbrüchen abbaut, ist Maltas wichtigstes Baumaterial – vor Jahrtausenden für Megalithtempel, heutzutage für Apartmentblocks.

Kaum aber hat der Urlauber die Ballungszentren hinter sich gelassen, umfängt ihn das ländliche Malta mit beschaulichen Dörfern und von niedrigen Mäuerchen umgrenzten Feldern. Landwirtschaft ist auf Malta immer ein Kampf gegen ausgesprochen ungünstige Voraussetzungen,

Aus dem maltesischen Dorfleben nicht wegzudenken: der kleine Plausch unter Nachbarn

denn Wasser ist hier ein rares Gut; mit starkem Wind ist die Insel dagegen reichlich gesegnet. Was der Mitteleuropäer bei sommerlichen Temperaturen von nicht selten weit über 30° C als wahre Wohltat empfindet, laugt die ohnehin kargen Böden zusätzlich aus. Sehnlichst erwarten die Bauern die Regenfälle, die meist in den Monaten November und Dezember auf die Insel niederprasseln. Diesen Güssen ist es zu verdanken, daß sich das Eiland im Frühjahr in ein üppiges Blütenkleid hüllt. Karg und spröde gibt es sich dann ab Mitte Mai, wenn die Quecksilbersäule langsam zu steigen beginnt. Aber auch in den heißen Sommern und warmen Herbsten entdeckt man überraschend oft Pflänzchen, die zwischen den Felsen blühen und sich auf beeindruckende Weise mit den rauhen Bedingungen arrangiert haben. Die für den Mittelmeerraum typische *Garrigue*-Vegetation trifft man das ganze Jahr über an: niedriges Gebüsch aus wunderbar duftendem Thymian, aus Rosmarin, Disteln, Kapernsträuchern und Wolfsmilchgewächsen. Ein wahres Kleinod in Sachen Natur ist der im Süden Maltas gelegene Buskett Garden, ein Wäldchen, wo man im Schatten von Zitrusbäumen, Steineichen, Mispel- und Olivenbäumen, Araukarien, Eukalyptus- und Maulbeerbäumen wunderbar spazierengehen kann – ein ganz besonderer Ort auf einer sonst fast baumlosen Insel.

Sportliche Aktivitäten werden groß geschrieben auf Malta und seinen Schwesterinseln. Wie es sich für ordentliche Inseln gehört, nimmt der Wassersport den ersten Rang ein. Strände allerdings sucht man fast überall vergeblich. Dem Badevergnügen im glasklaren Wasser des Mittelmeers tut dies jedoch keinen Abbruch – an vielen Orten führen Treppen und Leitern

Merhba

geradewegs ins kühle Naß. Taucher zeigen sich von den Steilküsten des maltesischen Archipels mit ihren zahlreichen Unterwasserhöhlen begeistert. Aber natürlich kommen auch Segler und Windsurfer auf Malta nicht zu kurz. Wer es vorzieht, trockenen Fußes aktiv zu sein, kann die Inseln wandernd erobern. Ein wenig Abenteuerlust und Improvisationstalent sind allerdings vonnöten – ausgeschilderte Wanderwege gehören noch nicht zur maltesischen Infrastruktur.

Ein Abstecher nach Gozo darf bei keinem Malta-Aufenthalt fehlen. Eine nur 6 km breite Wasserstraße trennt die Hauptinsel von der ›kleinen Schwester‹ – und doch liegen Welten zwischen beiden Inseln. Ein Hauptunterschied mit weitreichenden Folgen ist die Bodenqualität. Sie ist auf Gozo sehr viel besser als auf Malta. Kein Wunder also, daß die Landwirtschaft im Alltagsleben der Gozitaner eine wichtige Rolle spielt und die Insel überhaupt viel ländlicher wirkt. Mehr noch als auf Malta, pflegt man auf Gozo tiefverwurzelte Traditionen. Dies zeigt sich auch in der Sprache: Maltesisch hat auf Gozo eine sehr viel größere Bedeutung als Englisch. Der Tourismus beschränkt sich weitgehend auf die Dörfer Xlendi und Marsalforn und bleibt auch hier in einem überschaubaren Rahmen. Anders als in den Touristenzentren der Hauptinsel sucht man Jubel, Trubel, Heiterkeit auf Gozo vergeblich. Beschaulichkeit und Ruhe sind es, die das Eiland so liebenswert machen.

Bei allen Unterschieden, eines haben Gozitaner und Malteser gemeinsam: Hier wie dort wird leidenschaftlich gerne gefeiert. Zahlreiche *festas,* für die man sich mächtig ins Zeug legt, bestimmen den Kalender. Stets gipfeln sie in aufwendigen Umzügen und prächtigen Feuerwerken. Ehrensache, daß jedes Dorf mit dem schönsten Feuerwerk auftrumpfen möchte. Die überaus herzliche Gastfreundschaft der Insulaner kommt besonders bei solch' ausgelassenen *parties* zum Ausdruck. Ganz selbstverständlich nehmen sie den Inselbesucher dann in ihre Mitte auf – ein Highlight einer jeden Maltareise.

Fläche:	insgesamt 315,6 km^2; Malta 246 km^2 (Küstenlänge 137 km), Gozo 67 km^2 (Küstenlänge 43 km), Comino 2,7 km^2
Einwohner:	ca. 372 000 (Schätzung Dez. 1995)
Bevölkerungsdichte:	1174 Einwohner/km^2
Hauptstadt:	Valletta, ca. 9500 Einwohner; 1566 vom Großmeister der Johanniter Jean Parisot de la Valette gegründet
Religion:	römisch-katholisch
Wirtschaft:	Industrie 40 % des Bruttosozialproduktes, Tourismus 35 % des BSP, Landwirtschaft 3 % des BSP. Ausfuhrgüter u. a. Textilien, Autoteile und elektronisches Zubehör. Landwirtschaftliche Produkte: Weizen, Gerste, Kartoffeln, Obst und Gemüse

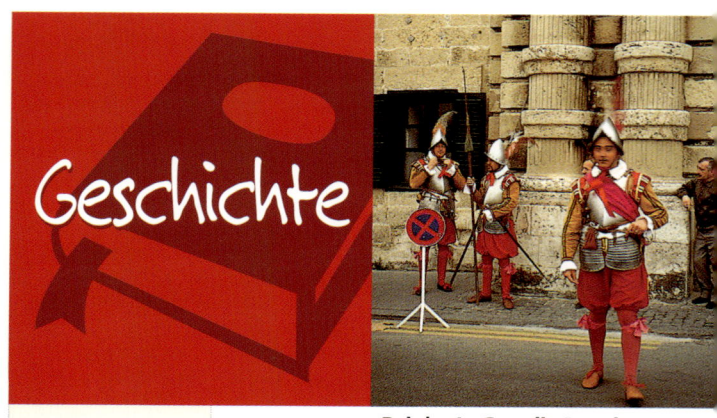

Bei der In-Guardia-Parade

4100 v. Chr.–2500 v. Chr.	Auf Malta und Gozo entstehen megalithische Tempelbauten und unterirdische Grabanlagen. Um 2500 v. Chr. findet diese Kultur ihr Ende, 500 Jahre lang bleibt die Insel wahrscheinlich unbewohnt.
2000 v. Chr.	Bronzezeitliche Siedler aus Süditalien bevölkern den maltesischen Archipel.
1000–218 v. Chr.	Phönizier und Punier nutzen Malta als Stützpunkt auf ihren Handelsfahrten durch das Mittelmeer. Tempel entstehen, die der Kriegs- und Fruchtbarkeitsgöttin Astarte geweiht sind.
218 v. Chr.	Beginn der Römerzeit. Malta bleibt ein wichtiger Handelsplatz. Die Inselwälder werden abgeholzt.
59 n. Chr.	Der Apostel Paulus soll auf der Insel Malta gestrandet sein und die Bevölkerung christianisiert haben.
870 n. Chr.	Araber erobern Malta. Ein Großteil der Bevölkerung konvertiert zum muslimischen Glauben.
11.–14. Jh.	Im Mittelalter fällt der Archipel verschiedenen europäischen Herrscherhäusern zu. Der Normannenkönig Roger I. verhilft dem Christentum wieder zur Vorherrschaft. Auch die Staufer, das Haus von Anjou und das Haus von Aragonien regieren – meist durch Lehnsherren vertreten – Malta.
15. Jh.	Malta gewinnt als Bollwerk gegen die wachsende osmanische Bedrohung im östlichen Mittelmeer an Bedeutung.

Geschichte

1530	Der Johanniterorden erhält Malta von Kaiser Karl V. als ›Ewiges Lehen‹. Ab ca. 1535 überfallen Piraten mehrfach die Inseln, besonders Gozo. Unzählige Malteser werden in die Sklaverei verschleppt.
1565–1571	Zwischen Mai und September 1565 versucht eine Flotte der türkischen Osmanen, Malta zu erobern. Die ›Große Belagerung‹ (Great Siege) übersteht der Johanniterorden jedoch siegreich. Die Niederlage der Osmanen in der Schlacht von Lepanto 1571 bannt die Gefahr weiterer Angriffe.
16. und 17. Jh.	Der Johanniterorden erlebt seine Blütezeit auf Malta. Eine große Pestepedemie (1676) und ein schweres Erdbeben (1693) suchen die Inseln heim.
18. Jh.	Napoleon beendet 1798 die Herrschaft des Ritterordens auf Malta, die Franzosen werden jedoch schon 1800 von den Briten vertrieben.
19. Jh.	Der Archipel wird als Kronkolonie dem britischen Kolonialreich einverleibt und Sitz des Hauptquartiers der englischen Mittelmeerflotte.
1921	Wahl des ersten Parlaments von Malta und Gründung der ersten politischen Parteien.
Zweiter Weltkrieg	Im Kampf der Achsenmächte gegen die Alliierten kommt es zu schweren Zerstörungen durch deutsche und italienische Fliegerangriffe.
1964	Am 21. September erklärt Malta seine Unabhängigkeit. Staatsoberhaupt bleibt Queen Elizabeth II.
1971	Die sozialistische Malta Labour Party unter Dominic Mintoff übernimmt die Regierung.
1974	Malta wird zur Republik erklärt.
1987	Die konservative National Party unter Führung von Edward Fenech Adami kommt an die Macht.
1996	Am 27. Oktober gewinnt die Malta Labour Party die Wahl. Premierminister wird Alfred Sant.
1998	Die konservative Partei erlangt wieder die Macht. Premierminister wird erneut Edward Fenech Adami.
1999	Guido da Marco wird neuer Staatspräsident.

Gut zu wissen!

Der Priester wird's schon regeln

Landessitten: Der katholische Glaube und die mit ihm verbundenen Moralvorstellungen spielen für die Malteser eine große Rolle. Dezente Kleidung ist deshalb – besonders in ländlichen Gebieten – angesagt. Badekleidung und Discodress werden abseits der Strände, Promenaden und Nachtclubs nicht gerne gesehen. In knappen Shorts, Minirock und Trägerhemdchen riskiert man in Kirchen sogar einen Rausschmiß. Eingehüllt in ein mitgebrachtes Tuch kann man Unannehmlichkeiten vorbeugen. In größeren Kirchen werden solche Tücher am Eingang bereitgehalten. In der vielbesuchten St. John's Co-Cathedral in Valletta sind die Kleidervorschriften nicht ganz so strikt, doch auch hier schätzt man es, wenn Besucher nicht vergessen, daß sie sich in einer Kirche befinden.

Allein als Frau auf Malta unterwegs? Im großen und ganzen kein Problem, sofern man sich, besonders auf dem Land, ein wenig Zurückhaltung in Sachen Kleidung auferlegt.

Und zu guter Letzt: FKK und ›Oben Ohne‹ sind auf den maltesischen Inseln nicht gestattet.

Restaurants: Die Öffnungszeiten der Restaurants variieren stark. Als Faustregel gilt: Zwischen 12 und 14 Uhr wird Mittagessen, zwischen 18 und 22 Uhr Abendessen serviert. Die angegebenen Öffnungszeiten beziehen sich meist auf die *last order*, also die letzte Möglichkeit der Essensbestellung. Viele Restaurants bleiben aber so lange geöffnet, bis der letzte Gast gegangen ist. Manche sind an einem Tag in der Woche geschlossen, und andere öffnen nur während der Sommermonate. Die Öffnungszeiten können durchaus auch Lust und Laune unterliegen – deshalb: Möchte man auf Nummer Sicher gehen, empfiehlt sich vorab ein kurzer Telefonanruf.

Sicherheit: Weder auf Malta noch auf Gozo besteht besonderer Anlaß, um seine Sicherheit zu fürchten. Nur die Gassen zwischen Republic Square und Fort St. Elmo in Valletta sollte man nach Einbruch der Dunkelheit meiden. Wie überall auf der Welt ist es ratsam, Wertsachen, Kreditkarten, Ausweispapiere und Reisedokumente nicht im Hotelzimmer

Gut zu wissen

herumliegen zu lassen, sondern im Hotelsafe zu deponieren. Im Gedränge (z. B. am Busterminal in Valletta oder in den Discos von Paceville) ist es nie verkehrt, ein besonderes Augenmerk auf Portemonnaie und Kamera zu haben.

Straßenverkehr: In der ehemaligen britischen Kolonie herrscht – wie könnte es anders sein – Linksverkehr. Auf gleichberechtigten Straßen hat Vorfahrt, wer von links (!) kommt. Überholt wird rechts. Die zulässige Höchstgeschwindigkeit beträgt innerhalb geschlossener Ortschaften 40 km/h (25 mph), außerhalb 65 km/h (40 mph). Inzwischen werden immer mehr Ampeln installiert, man trifft aber auch noch auf Kreisverkehr. Wichtig: Die Fahrzeuge im Kreisel haben Vorfahrt, sofern Verkehrsschilder nichts anderes vorschreiben. In den dichtbesiedelten Gebieten rund um Marsamxett und Grand Harbour wird die Geduld der Autofahrer oft auf die Probe gestellt – während der Stoßzeiten macht man am besten einen großen Bogen um diese Stadtteile! Angesichts der mitunter schlechten Beschaffenheit der Straßen und des temperamentvollen Fahrstils der Malteser empfiehlt sich eine besonders umsichtige Fahrweise.

Wasser: Eines der größten Probleme auf den maltesischen Inseln ist der chronische Wassermangel. Um Trinkwasser zu gewinnen, bohren die Insulaner tiefliegende Wasserreservoire an und betreiben energieaufwendige Meerwasserentsalzungsanlagen. Auf den meisten Hausdächern erblickt man Behälter, in denen das Regenwasser gesammelt wird. Leitungswasser kann ohne Bedenken getrunken werden, da es aber oft leicht salzig schmeckt, greift man besser auf Mineralwasser zurück. Führt man sich vor Augen, wie wertvoll Wasser auf Malta ist, fällt es ganz leicht, darauf zu achten, daß man das teure Naß nicht verschwendet.

Nie wieder sprachlos...

Urlaub unter südlicher Sonne genießen und die Englischkenntnisse aufpolieren – auf Malta läßt sich beides bestens verbinden. In einer Vielzahl von Sprachschulen erteilen qualifizierte Lehrkräfte Unterricht für Anfänger und Fortgeschrittene. Damit der Spaß nicht zu kurz kommt, bieten die Schulen auch kulturelle Aktivitäten und ein ausgedehntes Freizeitprogramm an.

Auch für die Unterbringung wird gesorgt – zur Auswahl stehen Hotels, Apartments und Pensionen. Wer Familienanschluß sucht, kann als zahlender Gast bei einer maltesischen Familie wohnen. Sprachferien können bei Pauschalanbietern oder vor Ort gebucht werden – das Maltesische Fremdenverkehrsbüro hält eine Liste mit den Adressen der Sprachschulen bereit.

Feste & Unterhaltung

Wer gerne feiert, ist auf Malta bestens aufgehoben. Der maltesische Kalender ist gespickt mit Fest- und Feiertagen, an denen tiefe Religiosität und südländische Lebensfreude eine gelungene Mischung bilden. Oft erstrecken sich die Festivitäten über mehrere Tage – Zeit genug also, um sich unters Volk zu mischen und nach Lust und Laune mit zu feiern.

Februar/März
Karneval: Die farbenfrohen Veranstaltungen zu Karneval bilden im Reigen der Festivitäten alljährlich den Auftakt. Hauptschauplätze des vergnüglichen Treibens sind Valletta, Victoria und Nadur. Aber auch in vielen anderen Orten geht es hoch her. Bunte Umzüge mit aufwendig dekorierten Wagen, Musikkapellen, selbstentworfenen Kostümen und phantasievollen Masken – Malteser und Gozitaner scheuen weder Kosten noch Mühe, wenn es darum geht, die Sinne zu erfreuen. Ausgelassen tanzend ziehen die Menschen durch die Straßen.

März/April
Ostern: Im streng katholischen Malta spielt das Osterfest natürlich eine herausragende Rolle. Im Gegensatz zum fröhlichen Karneval geht es dann eher ernst und würdig zu. Im Mittelpunkt der Feierlichkeiten stehen aufwendige Prozessionen, die am Karfreitag ihren Höhepunkt erreichen. Am späten Nachmittag werden überlebensgroße Statuen, die die Leidensgeschichte Jesu erzählen, von kräftigen Männern im Wiegeschritt durch die Gassen der Dörfer getragen. Kinder und Erwachsene, verkleidet als Figuren aus dem Alten und dem Neuen Testament, reihen sich in die Umzüge ein, während eine Musikkapelle mit getragener Musik die Prozession begleitet. Am Ostersonntag wird dann der Freude über Jesu Auferstehung Ausdruck verliehen: Am frühen Morgen rennen (!) junge Männer, eine Christusfigur auf ihren Schultern balancierend, durch die Gassen. Besonders gut lassen sich diese Umzüge in den ›Three Cities‹ – Vittoriosa, Senglea und Cospicua – beobachten.

Juni – September
Village Festas: In diesen Monaten finden die typischen Dorffeste zu Ehren der jeweiligen Schutzpatrone statt. Diese *festas* haben nicht nur religiöse Bedeutung, sondern auch eine wichtige soziale Funktion. Alle Dorfbewohner legen sich gemeinsam ins Zeug, um das schönste und aufwendigste Fest auf die Beine zu stellen, hängt doch das Prestige der ganzen Gemeinde von der gelungenen *festa* ab. Die Dorfstraße wird mit Fahnen, Blumen, Girlanden und Lichterketten geschmückt, die Kirche mit wertvollen Damasttüchern ausgekleidet, und sogar die Schätze aus der Sakristei holt man hervor. Die meisten Feierlichkeiten finden im Frei-

Feste & Unterhaltung

en statt: Begleitet von schmissiger Blasmusik und Applaus wird die Figur des Schutzheiligen durch die Straßen getragen. Das ganze Dorf ist auf den Beinen, denn Sehen und Gesehenwerden, Essen, Trinken und Plaudern ist mindestens so wichtig wie der Umzug selbst. Höhepunkt jeder *festa* ist ein farbenprächtiges Feuerwerk, das ab 22 Uhr mit lautem Getöse abgebrannt wird. Eine *festa* ist übrigens eine hervorragende Gelegenheit, maltesische Spezialitäten zu probieren, etwa das von den Straßenhändlern angebotene Nougat.

Mnarja-Fest: Der Festtag zum Gedenken an die beiden wichtigsten Schutzheiligen Maltas, St. Peter und St. Paul, wird am Vorabend des 29. Juni in den Buskett Gardens mit traditioneller Volksmusik und Gesangsdarbietungen eingeleitet. Am eigentlichen Feiertag werden typisch maltesische Gerichte, z. B. delikat zubereitete Kaninchen, aufgefahren, und man vergnügt sich bei den Pferde- und Eselrennen, die in der Nähe von Rabat stattfinden.

Our Lady of Victories: Mit einer farbenfrohen Segelregatta wird am 8. September im Grand Harbour an das Ende der ›Großen Belagerung‹ von 1565 erinnert (s. S. 11). Auch in einigen Dörfern finden festliche Veranstaltungen statt.

Oktober
Pferderennen: Im Oktober beginnt die Rennsaison, die bis Mitte Juni dauert. Jeden Sonntag locken Trabrennen die pferde- und wettbegeisterten Malteser in den Marsa Hippodrome. Fast macht es mehr Spaß, das aufgeregte Publikum zu beobachten als die eigentlichen Rennen zu verfolgen!

Dezember
Weihnachten: In der Weihnachtszeit wetteifern Städte und Dörfer miteinander um den schönsten Lichterschmuck und die eindrucksvollste Weihnachtskrippe. Letztere wird dann prämiert.

Osterprozession in Vittoriosa

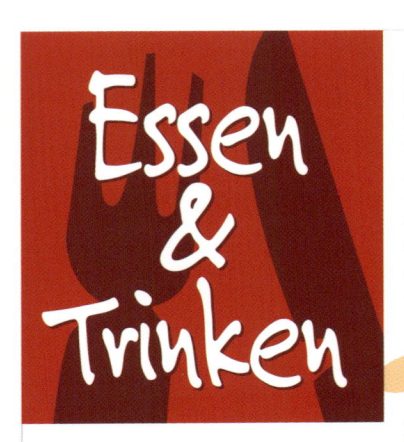

Maltesisch essen in einem Restaurant auf Malta? Noch vor wenigen Jahren hätte ein solches Ansinnen blankes Erstaunen hervorgerufen. Inzwischen hat eine gestiegene Nachfrage dazu geführt, daß viele Restaurants auch landestypische Gerichte in ihr Repertoire aufgenommen haben. Auf Hamburger, Fritten oder Sandwiches muß man dennoch nirgendwo verzichten. Ebensowenig auf Altbekanntes aus Italien – Pizza & Pasta werden landauf, landab serviert, oft in hervorragender Qualität.

Die maltesische Küche ist eine bodenständige Küche, die ohne viel Schnickschnack auskommt. Zubereitet wird, was Land und Meer gerade bereithalten. Die Rezepte werden in der Familie weitergegeben, sie variieren oft leicht.

Vorspeisen

Den Auftakt zu jeder Mahlzeit bildet *Hobz biz-zejt,* ein knuspriges Bauernbrot, das mit Tomatenpüree, Knoblauch, Zwiebeln, Kapern und Oliven, manchmal auch mit Thunfisch oder Anchovis, belegt wird. Olivenöl, Salz und Pfeffer dürfen bei dieser leckeren Vorspeise, die auch als Snack gegessen wird, nicht fehlen. *Aljotta* bezeichnet eine Fischsuppe, in der neben verschiedenen Fischarten auch Reis, Tomaten und Knoblauch Verwendung finden. Aber auch Gemüsesuppen werden gerne zubereitet – allen voran *Minestra* (Minestrone) und *Qarabali,* eine Kürbissuppe.

Hauptgerichte

Als Hauptgericht lieben die Malteser *Fenek* (Kaninchen), das in Wein, Tomaten und Knoblauch geschmort wird. Kaninchenfleisch kann aber auch Bestandteil einer köstlichen Soße sein, die zu Spaghetti gereicht wird. Ein anderes Gericht, das man immer öfter auf den Speisekarten findet, ist *Bragjoli,* eine Rindfleischroulade, die, mit Schweinefleisch, Kapern, Eiern und Brot gefüllt, in Rotwein geschmort wird.

Auf einer Insel darf Fisch auf dem Speiseplan natürlich nicht fehlen. In den Sommermonaten ist das Angebot besonders vielfältig: Neben *Qarni* (Oktopus) und Muscheln kommen u. a. *Spinotta* (Brasse), *Cerna* (Barsch) und *Dentici* (Zahnbrasse) fangfrisch auf den Tisch. Aber auch während der übrigen Jahreszeiten muß man auf Fisch und Meeresfrüchte nicht verzichten. *Lampuka* heißt Maltas ›Nationalfisch‹. Sehnsüchtig erwarten die Fischer die Fangsaison zwischen August und Dezember, wenn sich ganze Lampuka-Schwärme in den maltesischen Gewässern tummeln.

Auch Aufläufe und Überbackenes gehören zu den maltesischen Gaumenfreuden: Je nach Gericht verbergen sich Fisch, Gemüse, Käse, Kürbisse, Spinat oder Kräu-

Essen & Trinken

ter unter der Teighülle. *Timpana* heißt ein leckerer Nudelauflauf mit Hackfleisch. Hackfleisch ist auch eine Zutat für *Ross fil-Forn*, einem Reisgericht, das, mit Eiern und Tomaten angereichert, im Ofen gegart wird. Apropos Teig: Besonders lecker sind *Pastizzi*, mit Ricottakäse oder Erbsenpüree gefüllte Blätterteigtaschen, die man überall in den Bäckereien und Pastizzerien bekommt.

Süßigkeiten

Auch wem der Sinn nach Süßem steht, kommt auf Malta und Gozo nicht zu kurz. *Imqaret* heißen die mit Datteln gefüllten und mit Anis gewürzten Teigteilchen. Um ein ›Mitbringsel‹ der Türken handelt es sich bei dem Dessert *Helwa tat Tork*, einem zuckersüßen Nachtisch aus Mandeln. Weilt man zu Ostern auf Malta, darf man sich die mit Marzipan gefüllten *Figolli* keinesfalls entgehen lassen.

Getränke

Auf der Hauptinsel werden verschiedene Biere gebraut: *Cisk Lager* kommt dem deutschen Exportbier gleich, *Hop Leaf* erinnert an das englische Stout (Starkbier), *Blue Label* benennt eine leicht süßliche, dunkle Biersorte. Auch Wein wird angebaut und gekeltert. *Special Reserve*, *Verdala* (Marsovin-Kellerei) und *Green Label* (Kellerei Lachryma Vitis) sind leichte, trockene Weißweine, *La Vallette* ist ein trockener Rotwein von der Kellerei Marsovin. Urmaltesisch ist das Erfrischungsgetränk *Kinnie*, eine leicht herbe Limonade aus Wermutkräutern und Bitterorangenextrakten. Ein absolutes Muß!

Kleines kulinarisches Alphabet

Aljotta	leichte Fischsuppe
Bragjoli	in Rotwein geschmorte Rindsroulade
Cerna	Barsch
Fenek	Kaninchen
Figolli	Marzipangebäck
Gbejna	Käse aus Ziegen- oder Schafsmilch
Helwa tat Tork	Mandeldessert
Hobz biz-zejt	mit Öl bestrichenes und mit Tomaten, Thunfisch u. a. belegtes Brot
Imqaret	mit Dattelpaste gefülltes Teilchen
Kinnie	herbe Limonade
Minestra	deftiger Gemüseeintopf
Pastizzi	Blätterteigtaschen mit Ricotta- oder Erbsenpüreefüllung
Pixxispad	Schwertfisch
Qarabali	Kürbissuppe
Qarni stuffat	in Rotwein geschmorter, gefüllter Oktopus
Ravjul	mit Ricotta gefüllte Ravioli
Ross fil-Forn	Reisauflauf mit Hackfleisch
Soppa tal-Armla	mit Bauernkäse servierter Gemüseeintopf
Spinotta	Brasse
Stuffat	in Rotwein geschmortes Gulasch
Timpana	Nudelauflauf mit Hackfleisch

Sport & Freizeit

Mountainbiking

Malta und Gozo auf zwei Rädern erkunden? Fahrräder kann man in den Touristenzentren bei vielen Touranbietern ausleihen, z. B. bei: Lillywhites, St. George's Road, St. Julians, Tel. 33 59 21; Agius Tourist Services, Pioneer Road, Buggiba, Tel. 57 16 03. Allerdings erfordert das Terrain eine gute Kondiion, zumal mitunter ein heftiger Wind weht. Wer nicht allein über die Insel radeln möchte, nimmt an geführten Radtouren teil, die z. B. History and Adventure, 84 High Street, Sliema, Tel. 34 77 57 (oder über Astra Hotel, 127 Tower Road, Sliema, Tel. 33 10 81) anbietet.

Reiten

Auf dem Rücken der Pferde liegt auch auf Malta das Glück der Erde. Ein- und zweistündige Ausritte für Anfänger und Fortgeschrittene veranstaltet u. a. Golden Bay Horse Riding in der gleichnamigen Bucht (s. S. 36). Reitunterricht und Ausritte bieten außerdem: Darmanin's Riding School, Stables Lane, Marsa, Tel. 23 56 49; Pandy's Riding School, Tobruk Street, Pembroke, St. Andrews, Tel. 34 25 06; Ghadira Riding School, Mellieha Bay, Tel. 57 39 31; Wagon Wheel, Victoria, Gozo, Tel. 55 75 52 (nach 17 Uhr).

Tennis & Golf

Wer auf Malta Tennis spielen oder Golfen möchte, ist im vornehmen Marsa Sports and Country Club in Marsa willkommen. Mit einer temporären Mitgliedschaft kann man den Golfplatz (18 Loch) und die Tennisplätze nutzen sowie Unterricht in beiden Sportarten nehmen. Squashplatz, Minigolfanlage, Tischtennisplatten und Fitneßcenter ergänzen das Angebot. Auskünfte unter Tel. 23 38 51, Fax 23 18 09. Tennisfans können sich auch an den Vittoriosa Lawn Tennis Club, Paola, Tel. 69 69 78, wenden oder an den Malta Union Club, Sliema (s. S. 63). Auf Gozo stellt der Gozo Sports Complex (s. S. 43) Tennis-, Squash- und Tischtennisanlagen sowie einen Fitneßraum bereit.

Wandern

Vor allem im Frühling, wenn die Inseln mit bunten Blumen übersät sind und die Sonne noch nicht allzu hemmungslos vom Himmel lacht, ist Malta ein Eldorado für Wanderer. Wegweiser sind allerdings weitgehend unbekannt, Orientierungsvermögen und ein wenig Abenteuerlust daher vonnöten. Meist genügt mittlere Kondition, gelegentlich ist Trittsicherheit gefragt. Festes Schuhwerk, etwas zu trinken und eine Kopfbedeckung sollten immer mit von

Sport & Freizeit

der Partie sein! Bauernhäusern nähert man sich wegen der – aber meist angeleinten – Wachhunde besser vorsichtig.

Wassersport

Glasklares warmes Wasser, Fischreichtum, steil abfallende Riffe und Unterwasserhöhlen machen den maltesischen Archipel zu einem Paradies für Sporttaucher und alle, die es werden wollen. Zahlreiche Tauchschulen bieten Kurse für jeden Level sowie Unterwasserexkursionen an.

Auch für Segelfans ist gesorgt: Man kann Jachten mit und ohne Skipper mieten – auf Wunsch werden sie auch nach Gozo transferiert (The Yachtsman, Msida, Tel. 31 83 61, Fax 32 22 98, oder Trader Marine Yacht Services, Msida, Tel. 31 30 19, Fax 34 42 71). Wer sein Boot von Deutschland mitbringt, kann in den Jachthäfen im Marsamxett Harbour gegen eine Gebühr vor Anker gehen. Surfen, Wasserski, Parasailing, Bootsverleih – in den Touristenhochburgen mangelt es nicht an Angeboten (Adressen sind bei den jeweiligen Orten angegeben).

Kinder auf Malta

Das Spaßbad Splash 'n Fun (s. S. 68) in Bahar Ic-Caghaq mit Wasserrutschen und einem Spielplatz mit Phantasiefiguren läßt Kinderherzen höher schlagen, ebenso wie das Filmdorf ›Popeye Village‹ (s. S. 56) in der Anchor Bay. Ein Museum of Toys mit einer Spielzeug- und Puppensammlung erwartet sowohl in Valletta (s. S. 76) als auch in Xaghra (s. S. 48) kleine (und große) Besucher.

Der maltesische Archipel – ein Paradies für Wasserratten

Sprachführer

v	wie deutsches w
x	sch
z	ts
ż	weiches s

Maltesische Ortsnamen

Birżebbuġa	Birsebudscha
Borġ in-Nadur	Bordsch in-Nadur
Buġibba	Budschibba
Ċirkewwa	Tschirkewwa
Ġgantija	Dschgantija
Għajn Tuffieħa	Aain Tuffi^eha
Għar Dalam	Aar Dalam
Ġnejna Bay	Dschneina Bay
Luqa	Lu'a
Marsaxlokk	Marsaschlokk
Mdina	Imdina
Mellieħa	Melli^ehha
Mġarr	Im-dschar
Paceville	Patscheville
Qawra	Aura
Qbajjar	Kubaijar
Qrendi	Wrendi
Ta'Xbiex	Tasch-bi^esch
Tarxien	Tarschi^en
Xagħra	Schahra
Xemxija	Schemschija
Xewkija	Scheoukija
Xlendi	Schlendi
Żebbuġ	Sebbudsch
Żurrieq	Surri^e'

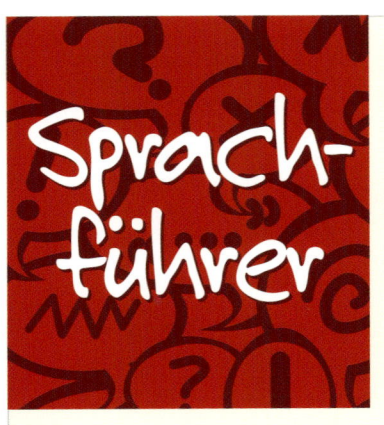

Malta besitzt gleich zwei Amtssprachen: Maltesisch (Malti) und Englisch. Maltesisch ist eine komplizierte Sprache, die ihre Wurzeln im Arabischen hat; viele Buchstaben werden ganz anders ausgesprochen als im Deutschen (im Buch und auf der Karte wurde jedoch auf die Sonderzeichen verzichtet). Fast alle Malteser sprechen freilich Englisch, viele Italienisch und einige sogar ein wenig Deutsch.

Maltesische Aussprache

aj	ai
c	k
ċ	tsch
ġ	dsch, wie engl. jet
gh	Reibelaut im Rachen, fast nicht gesprochen
gha	langes aa
ghi	ei
ghu	ou, wie engl. over
h	als Längung wie in zahm
ħ	wird stark gehaucht
ie	wird als langes i mit leichtem Ausklang nach e gesprochen (z. B. Sli^ema)
q	Stimmansatz, ähnelt einem tonlosen e
w	u mit Anklang von w; wie im Englischen

Maltesische Wörter

baħar (bahar)	Bucht
bonġu	Guten Morgen
għajn	Quelle
għar	Höhle
grazzi	danke
iva / le (lä)	ja / nein
jekk jogħgbok	bitte
marsa	Hafen
merħba	Willkommen
ramla	Sand, Strand
ras	Kap
rdum	Küste
tal, ta'	von, bei
torri	Turm
wied	Tal

Sprachführer

Wichtige Englisch-Vokabeln

bitte	please
danke	thank you
Verzeihung	sorry
Entschuldigen Sie	excuse me
guten Abend	good evening
gute Nacht	good night
guten Morgen	good morning
hier/dort	here/there
ja/nein	yes/no
mit/ohne	with/without
teuer	expensive
billig	cheap

Im Hotel

Bettlaken	sheet
Decke	blanket
Doppelzimmer	double room
Einzelzimmer	single room
Frühstück	breakfast
Halbpension	half board
Handtuch	towel
Kissen	pillow
laut/ruhig	noisy/quiet
Schlüssel	key
Vollpension	full board

Im Restaurant

Erfrischungsgetränk	soft drink
Gabel	fork
Glas	glass
Löffel	spoon
Messer	knife
Rechnung	bill
Speisekarte	menu
Teller	plate

Einkaufen

Bargeld	cash
Geld	money
Münze	coin
Preis	price
Wechselgeld	change
zu klein/groß	too small/big

Post

Auslandsgespräch	international call
Brief	letter
Briefkasten	letter box
Briefmarken	stamps
Postamt	post office

Die wichtigsten Sätze

Sprechen Sie Deutsch?	Do you speak German?
Ich verstehe nicht.	I don't understand.
Können Sie das bitte wiederholen?	Could you repeat that please?
Können Sie bitte langsamer sprechen?	Could you speak slowly please?
Können Sie das bitte aufschreiben?	Could you write that down please?
Haben Sie noch freie Zimmer?	Do you have rooms available?
Was kostet das?	How much is it?
Akzeptieren Sie Kreditkarten?	Do you accept credit cards?
Wie komme ich nach…?	How do I get to…?
Wo/Wann fährt der nächste Bus ab?	Where/When does the next bus leave?
Wir hatten einen Unfall.	We've had an accident.
Bitte rufen Sie einen Krankenwagen/die Polizei.	Please call an ambulance/the police.

Reise-Service

Auskunft

Maltesisches Fremdenverkehrsamt

... für Deutschland und die Schweiz
Schillerstraße 30–40
60313 Frankfurt a. M.
Tel. 069/28 58 90, Fax 28 54 79

... für Österreich
Opernring 1/R/5/517
1010 Wien, Tel. 01/585 37 70;
Fax 585 37 71

... im Internet
www.tourism.org.mt
www.visitmalta.com
www.icmalta.com
www.tourist.vol.net.mt
www.urlaubmalta.de
www.dumontverlag.de

... in Malta
unterhält die **National Tourism Organisation Malta** Fremdenverkehrsbüros am Flughafen Luqa, in Valletta, am Hafen von Mgarr (Gozo) und in Victoria (Gozo). Adressen jeweils dort.

Reisezeit

Malta hat ein mediterranes Klima mit milden Wintern und heißen, trockenen Sommern. Im Winter fallen die Temperaturen selten unter 10 °C, doch kann es zu kurzen, aber heftigen Regenfällen kommen. Zwischen Juli und September klettert das Thermometer mitunter auf 40 °C und darüber. Oft macht aber eine frische Meeresbrise die Hitze erträglich.

Die beste Reisezeit sind Frühling und Herbst. Im April und im Mai blüht es überall auf den Inseln, die Temperaturen liegen um die 20 °C – beste Bedingungen für alle, die Malta zu Fuß oder per Rad erkunden möchten. Im Herbst ist Malta karg und sonnenverbrannt, doch ist das Meerwasser jetzt bis weit in den Oktober hinein so warm, daß das Baden eine wahre Lust ist. Ab Ende September setzen freilich auch die ersten Regenfälle ein.

Einreise

Deutsche und Österreicher benötigen für die Einreise einen gültigen Personalausweis bzw. Reisepaß, Schweizer eine gültige Identitätskarte bzw. Reisepaß. Kinder, die nicht im Paß ihrer Eltern eingetragen sind, brauchen einen Kinderausweis. Für einen Aufenthalt bis zu 3 Monaten sind Visa nicht erforderlich. Wer ein Fahrzeug mit nach Malta nimmt, benötigt die Grüne Versicherungskarte.

Neben persönlichem Bedarf dürfen zollfrei eingeführt werden: 200 Zigaretten bzw. 50 Zigarren oder 250 g Tabak, 0,75 l Wein und 0,75 l Spirituosen. Geschenke sind beim Zoll zu deklarieren. Die Mitnahme von Haustieren ist kompliziert bis unmöglich, da viele Hotels Tiere nicht aufnehmen.

Anreise

Mit dem Flugzeug

Die schnellste und bequemste Reisemöglichkeit bietet das Flugzeug. Maltas Flughafen Luqa wird von fast allen Charterflughäfen der deutschsprachigen Länder aus regelmäßig angeflogen. Im Linienverkehr fliegt die Lufthansa tgl. ab

Reise-Service

Frankfurt/M., Air Malta mehrmals wöchentl. von größeren Regionalflughäfen aus. Ein Linienflug mit Lufthansa kostet in der Saison ab Frankfurt/M. um 750 DM.

Pauschalarrangements: Die Pauschalangebote der Reiseveranstalter, die Flug und Hotelbuchung einschließen, sind insgesamt sehr viel preisgünstiger als Individualreisen, da man von verschiedenen Rabatten profitiert. Kurzentschlossene können auf Last-Minute-Angebote zurückgreifen. Campingflüge (ohne Hotelarrangement) sind nur dann eine preisgünstige Alternative, wenn man auf Malta in Billigunterkünften wohnen will. Die Preise liegen in der Vorsaison bei ungefähr 500 DM; rechtzeitige Buchung ist ratsam.

Ermäßigungen: Je nach Airline und Altersgruppe kann man verschiedene Vergünstigungen bekommen. Kinder unter 2 Jahren zahlen 10 %, zwischen 2 und 11 Jahren 50 % des Flugpreises. LTU gewährt Jugendlichen und Studenten unter 21 Jahren 25 % Ermäßigung.

Sportgeräte: Möchte man Fahrrad, Surfbrett oder Golfausrüstung mit nach Malta nehmen, empfiehlt sich ein Charterflug. Die günstigsten Tarife für Extragepäck bietet LTU: Fahrrad 30 DM, Board und Golfausrüstung je 60 DM.

Ankunft am Flughafen: Da Malta nicht EU-Mitglied ist, werden während des Fluges Einreisekarten verteilt, die ausgefüllt an der Paßkontrolle abzugeben sind. Direkt an der Gepäckausgabe befinden sich Wechselbüros der Mid-Med-Bank und der Bank of Valletta, wo man auch ein Wochenticket für die maltesischen Busse erwerben kann (4 Lm). Wer selbst für den Transport zur Unterkunft sorgen muß, dem stehen Busse (Linie 8 nach Valletta) oder Taxis zur Verfügung. Die Taxitarife sind an einer Tafel am Ausgang angeschlagen. In der Ankunftshalle befindet sich außer den Schaltern der Autoverleihfirmen auch ein Büro der Touristeninformation, die bei der Zimmersuche behilflich ist.

Auf dem Landweg und per Fähre

Ob mit dem eigenen Wagen oder der Bahn – alle Wege nach Malta führen über Italien. Von Genua (über Livorno, Palermo), Reggio di Calabria, Catania und Salerno aus bestehen Schiffsverbindungen nach Malta. Informationen über Abfahrtszeiten und Preise erhält man bei: European Seaways G.A., An der Mauer 41 a, 23552 Lübeck, Tel. 0451/75 60 1, Fax 0451/75 60 6 oder bei Seetours International, Seilerstr. 23, 60313 Frankfurt/M., Tel. 069/13 33-295, Fax 069/13 33-218.

Nach Gozo

Ab Cirkewwa fährt regelmäßig eine Autofähre nach Gozo. Ab Sa Maison (Marsamxett, im Pieta Creek) verkehrt dazu eine Frachtfähre, die aber auch Passagiere mitnimmt. Gozo Channel Company, Cirkewwa, Tel. 58 04 35/6, Mgarr (Gozo), Tel. 55 61 14, Hay Wharf Sa Maison, Tel. 24 39 64.

Außerdem gibt es eine – freilich nicht ganz billige – schnelle Helikopterverbindung zwischen Luqa Airport und dem Heliport auf Gozo bei Xaghra. Auskunft und Reservierung: Tel. 66 22 11/16, Fax 69 24 03, auf Gozo Tel. 56 13 01, Fax 56 27 97.

Reise-Service

Reisen auf Malta

Busse

Die Hauptinsel verfügt über ein dichtes Busnetz, so daß man die meisten Orte und Strände gut erreicht. Auch auf Gozo werden alle Orte mit Bussen angefahren, allerdings viel seltener als auf Malta. Zentrale Verkehrsknotenpunkte (Terminals) sind auf Malta der Platz vor dem City Gate von Valletta, auf Gozo Victoria.

Da am Bus nur die Nummer, nicht jedoch die Route angezeigt wird, empfiehlt sich die Mitnahme eines Busplans (in Kiosken und Souvenirshops erhältlich). Da sich die Nummern häufig ändern, sind allerdings die kopierten Blätter aktueller, die man am Busterminal oder in der Tourist Information in Valletta erhält. Tickets kauft man beim Fahrer (auf Malta 8–30 c, auf Gozo 5–9 c). Lohnend kann der Kauf eines Mehrtage- oder Wochentickets sein (1, 3, 5 oder 7 Tage, 1.25–4 Lm). Sie sind nur auf Malta gültig und in den Geschäftsstellen der Bank of Valletta, an den Bustermini in Valletta und Bugibba sowie bei Ticketverkäufern in Sliema zu erwerben. Informationen: Tel. 25 00 07/8/9, Fax 24 57 15.

Taxis

Taxifahren ist auf Malta kein billiges Vergnügen! Die weißen Taxis sind mit Taxametern ausgestattet, die manche Taxifahrer jedoch nicht einschalten. Es ist ratsam, sich vor einer Fahrt im Hotel über den üblichen Preis für die Strecke zu informieren. Auf einer Tafel vor dem Flughafengebäude in Luqa sind Tarife für Fahrten zu verschiedenen Zielen aufgelistet. Eine zentrale Taxirufnummer gibt es nicht Folgende Firmen bieten einen Taxiservice an: Emmanuel Briffa, 175 Tourist Street, Bugibba, Tel. 57 66 13; Wembley's, St. Andrews Road, St. Andrews, Tel. 37 04 51; Victory Garage, 95 January Street, Xaghra, Gozo, Tel. 55 10 51.

Leihfahrzeuge

In den Touristenzentren sind neben den internationalen Autoverleihfirmen auch eine unüberschaubare Anzahl von lokalen Firmen vertreten. Auf Gozo findet man Verleihfirmen vor allem in Victoria. Man kann vor Ort auch über die Hotelrezeption oder den Reiseleiter einen Wagen mieten. Die Tarife variieren je nach Saison, sind aber im internationalen Vergleich sehr günstig.

Die meisten Verleihfirmen setzen ein Mindestalter von 25 Jahren voraus oder verlangen bei Personen zwischen 21 und 24 Jahren den Abschluß von Zusatzversicherungen. Der Mietpreis sollte eine Vollkaskoversicherung enthalten; die Selbstbeteiligung kann durch eine Zusatzversicherung ausgeschlossen werden (Achtung: bei Fahrlässigkeit erlischt der Schutz).

Zweiräder: Günstiger als Autos sind Motorroller/-räder. Es wird immer eine Selbstkostenbeteiligung von ca. 75 Lm vorausgesetzt. Helme – werden oft von den Anbietern verliehen – sind in Malta Pflicht!

Tankstellen sind nur Mo–Sa bis 18 Uhr geöffnet. Sie bieten auch bleifreies Benzin an. Welche Tankstellen am Sonntag geöffnet haben, ist in der Sonntagsausgabe der ›Malta Times‹ vermerkt.

Verkehrsregeln s. S. 13

Reise-Service

Organisierte Fahrten

Wer Malta nicht allein erkunden möchte, kann sich geleiteten Reisegruppen anschließen. Auf dem Programm stehen Besichtigungsfahrten nach Valletta, zu den Megalithtempeln, nach Rabat/Mdina und nach Gozo. Captain Morgan Cruises, Sliema, Tel. 34 33 73, veranstalten Hafenrundfahrten durch Marsamxett und Grand Harbour sowie Bootsfahrten um die Inseln, Jeep Safaris auf Gozo und Fahrten in einem Oldtimer-Bus. In den Touristenzentren (z. B. The Strand, Sliema) kann man bei den Agenten verschiedener Touranbieter Fahrten buchen, etwa Tagestouren mit dem Schnellboot nach Sizilien.

Unterkunft

Vom 5-Sterne-Hotel internationalen Standards über idyllisch gelegene Bauernhäuser bis hin zum einfachen, familiären Guesthouse reicht das Übernachtungsangebot auf Malta und Gozo.
Hotels: Die meisten Hotelzimmer werden über Pauschalanbieter vermietet. In der Regel werden auch Buchungen von Individualreisenden akzeptiert, dies ist jedoch teurer. Die Touristeninformation am Flughafen Luqa hilft bei der Zimmersuche. Die Hotels unterliegen der Kontrolle durch die staatliche Tourismusbehörde. Die Klassifizierungen entsprechen – mit Ausnahme der 5-Sterne- und neuer 4-Sterne-Hotels – oft nicht internationalen Standards. Viele der großen Hotels in den Touristenzentren Sliema/St. Julians und Bugibba stammen noch aus der Frühzeit des Tourismus, als man auf architektonische Finesse noch keinen Wert legte. Einige lassen es ziemlich an Atmosphäre und Service mangeln. Wer hervorragenden Service und allen erdenklichen Luxus sucht, ist in den 5-Sterne-Hotels gut aufgehoben.
Farmhäuser: Umgestaltete Farmhäuser findet man besonders auf Gozo; Buchung über Pauschalanbieter oder z. B. über Events Travel and Incentives, 206 Tower Road, Sliema, Tel. 34 63 10, Fax 34 56 14, oder über Gozo Village Holidays, 11 Capuchin's Street, Victoria, Tel. 56 35 20, Fax 55 38 97. Das Fremdenverkehrsamt in Frankfurt hält eine Liste mit Farmhausanbietern bereit.
Camping: Der einzige Platz ist auf Comino an der Sta. Marija Bucht zu finden. Allerdings gibt es weder Versorgungseinrichtungen noch sanitäre Anlagen. Wildes Campen ist verboten!

Behinderte

Malta stellt sich zunehmend auf behinderte Touristen ein, schmale Bürgersteige und hohe Bordsteinkanten sind aber nach wie vor ein Problem. Am Flughafen gibt es einen Lift und Behindertentoiletten. Die Tempelanlagen von Hagar Qim und Tarxien sowie die St. John's Co-Kathedrale sind für Rollstuhlfahrer zugänglich. Gruppen- und Individualreisen nach Malta für Behinderte veranstaltet RSB Touristik, Nikolaus-Otto-Str. 6, 40670 Meerbusch, Tel. 02159/ 52 08 60, Fax 52 08 70. Vor Ort stellt das Physically Handicapped Rehabilitation Centre, Alert Bonnici, Corradino, Paola, Tel. 69 38 63, Fax 69 22 21, Rollstühle sowie Transfer und Transportmittel für Exkursionen zur Verfügung.

Orte v

In Vallettas Kirchen und Palästen den Reichtum der Johanniter bestaunen oder in malerischen Hafenrestaurants die maltesische Küche genießen, in quirligen Küstenorten bis zum Sonnenaufgang tanzen oder in gozitanischen Dörfern die *festa* feiern, auf mauergesäumten Wegen die Landschaft durchstreifen oder in die faszinierende Unterwasserwelt ein-

… on A-Z

tauchen – dieser Malta-Führer gibt Ihnen nützliche Tips und ausgesuchte Adressen an die Hand, damit Ihr Urlaub zu einem Erlebnis wird! Und dem, der Besonderes entdecken und kennenlernen möchte, seien die Extra-Touren empfohlen. Malta in kompakter, überschaubarer Form, für den, der viel sehen und nichts verpassen will…

Attard

Orte von A bis Z

Alle interessanten Orte und ausgewählte touristische Highlights auf einen Blick – alphabetisch geordnet und anhand der Lage- bzw. Koordinatenangabe problemlos in der großen Extra-Karte zu finden.

Attard

Lage: K 9
Einwohner: 7000

So sehr sind Attard und seine Nachbargemeinden Lija und Balzan miteinander verschmolzen, daß man sie nur noch die ›Drei Dörfer‹ nennt. Fernab vom städtischen Trubel, auf halbem Wege zwischen Valletta und Rabat gelegen, sind sie seit langem ein bevorzugtes Wohngebiet gut betuchter Malteser. Überall sind hübsche Villen in baumbestandenen Gärten zu sehen, einige wurden bereits im 18. Jh. errichtet.

San Anton Gardens: Beim Corinthia Palace Hotel, Busse 74, 40 und 427, tgl. 7–19 Uhr, Eintritt frei.
In die kleine Parkanlage inmitten des Häusermeers zieht es die Malteser vor allem am Wochenende. Schon Großmeister Antoine de Paule wußte um die Vorzüge des Ortes und ließ hier im 17. Jh. einen Landsitz errichten. Der **San Anton Palace** diente später den britischen Gouverneuren als Residenz. Seit den 70er Jahren wird er vom maltesischen Staatspräsidenten genutzt und ist deshalb nur von außen zu besichtigen.
Wignacourt-Aquädukt: Neben der Straße, die von Attard nach Santa Venera führt, sind Überreste eines Aquädukts zu sehen, den Großmeister Alof de Wignacourt in Auftrag gab und größtenteils finanzierte. Die Anlage transportierte Wasser bis nach Valletta.

Lija (K 8/9): Ca. 1 km, Bus Nr. 40. Besonders im Juli, wenn die auf die Kirche zulaufende Oleanderallee üppig blüht, lohnt sich ein Abstecher nach Lija.
Birkirkara (L 8/9): Ca. 2,5 km nordöstlich, Bus Nr. 74. Jenseits der lauten Durchgangsstraße kann man in diesem Städtchen durch stille Gassen an typisch maltesischen Häusern vorbeischlendern. Wer sich für Architektur interessiert, darf sich die von Domenico Cachia erbaute St. Helena-Kirche aus dem 18. Jh. nicht entgehen lassen. Sie gilt als die schönste Barockkirche Maltas.

Corinthia Palace Hotel: De Paule Avenue, Tel. 44 03 01, Fax 46 57 13, Luxus.
Es gibt nur ein nennenswertes Hotel in dieser Gegend, das aber

Orte von A bis Z — **Birzebbuga**

- 🅞 Sightseeing
- 🏛 Museen
- Baden/Strände
- Sport/Freizeit
- Ausflüge
- Information
- Hotels
- Restaurants
- Shopping
- Nightlife
- Feste
- Verkehr

hat es in sich. Eingebettet in eine großzügige Gartenanlage bietet es allen erdenklichen Komfort, u. a. ein umfangreiches Wassersportangebot und einen hoteleigenen Pendelbus. Unweit des Hotels liegt ein Golfplatz.

Gefeiert wird am 6. August in **Lija** (tolles Feuerwerk!), am 15. August in **Attard**, am zweiten Sonntag im Juli in **Balzan** und am 18. August in **Birkirkara**.

Busse: Zwischen Attard und Valletta verkehrt Bus Nr. 40; direkt vor dem Corinthia Palace Hotel halten die Busse Nr. 80, 81 und 427.

Birzebbuga

Lage: N 11/12
Einwohner: 6500

Es ist wohl Ironie des Schicksals, daß ausgerechnet der einzige Ort auf Malta, der einen feinsandigen Strand vor türkisblau schimmerndem Wasser sein eigen nennen darf, einen Containerhafen vor die Nase gesetzt bekam! Kein Wunder, daß der Tourismus in dem kleinen Ort im Südosten der Insel keine große Rolle mehr spielt. Wer sich vom Anblick der Containerschiffe und riesigen Kräne im Hintergrund nicht irritieren läßt, dem wird die Pretty Bay trotzdem gefallen, an Sommerwochenenden ist sie jedenfalls gerammelt voll.

Nördlich von Birzebbuga (ca. 1 km) liegt **Borg in-Nadur.** Zunächst stößt man auf Überreste eines kleinen Megalithtempels. Folgt man dem Feldsaum am Rand des Tals nach Norden, stößt man bald auf Relikte einer bronzezeitlichen Siedlung.
Ghar Dalam: Links der Straße nach Tarxien, ca. 1 km vor Birzebbuga; Busse nach/von Valletta halten direkt vor dem Eingang, Tel. 65 74 19,
Winter: Mo–Sa 8.30–16.30,
So 8.30–15.50 Uhr,
Sommer: tgl. 7.30–13.30 Uhr.
In der Höhle von Ghar Dalam stieß man bei Ausgrabungen im 19. Jh. auf Tierknochen und Spuren von menschlichen Behausungen. Die verschiedenen Schichten der Grotte dokumentieren eindrucksvoll die erdgeschichtliche Entwicklung der Insel. Das angeschlossene kleine **Museum** zeigt einen Teil der

Birzebbuga

Orte von A bis Z

Junger Angler bei Bugibba

Knochenfunde (s. Extra-Tour 1, S. 85).

🍴 **Pretty Bay** (s. o.), direkt beim Ort.

🌊 Südlich von Birzebbuga liegt hoch über dem Meer die Höhle **Ghar Hasan** (3 km), die ein unterirdischer Flußlauf in den Felsen gewaschen hat (für Menschen mit Klaustrophobie nur bedingt geeignet). Nach einigen Metern endet sie abrupt an einem Felsenfenster, das einen herrlichen Ausblick über die Steilklippen bietet. Die Höhle erreicht man zu Fuß (ausgeschildert) oder mit dem Wagen über die stark befahrene Straße in Richtung Südküste. Am Parkplatz kann man gegen eine geringe Gebühr Taschenlampen leihen.

🛏️ **Hotel Sea Breeze:** Pretty Bay, Tel. 65 12 56, Fax 68 18 98, günstig.
Direkt an der Pretty Bay gelegen, bietet das 3-Sterne-Hotel (60 Betten) Unterkunft für jene, die abseits der Touristenströme wohnen möchten. Angeschlossen ist ein Restaurant.

Southend Guesthouse: Summit Square, Tel. 65 84 41,
Fax 68 47 54, günstig.
Wer eine einfache, saubere Unterkunft sucht, ist in diesem *guesthouse* am Ende der Pretty Bay gut aufgehoben. Einige Zimmer besitzen Balkone mit Blick auf die Bucht. Im Erdgeschoß ist das auf Fisch und italienische Küche spezialisierte ›Ristorante Bellini‹ untergebracht.

Reno's Guesthouse: St. Patrick Street, Tel. 65 11 65, günstig.
Einfache Unterkunft, gegenüber vom Southend Guesthouse etwas abseits der Pretty Bay gelegen.

🍴 **Al Fresco Restaurant:** St. George's Bay (am Ortsende an der Straße nach Tarxien), Tel. 68 14 22, tgl. außer Mi.
Schlichtes Restaurant mit einer großen, zur Bucht hin gelegenen Terrasse, in dem man vor allem Pizza, Pasta und Hamburger, aber auch Fleischgerichte und Fisch (je

Orte von A bis Z **Bugibba/Qawra**

nach Tagesangebot) bekommt. Kinderfreundlich.

Bus: Nr. 11 von/nach Valletta.

Bugibba/Qawra

Lage: J 6/7

Wer zum Schwimmen und Relaxen nach Malta kommt, ist in Bugibba und Qawra, Maltas zweitgrößtem Touristenzentrum, gut aufgehoben. Die schönsten Strände liegen nur einen Katzensprung (bzw. eine kurze Busfahrt) entfernt. Der Inselnorden bietet überdies reizvolle Wandermöglichkeiten. Allzu hohe ästhetische Ansprüche darf man an sein Standortquartier allerdings nicht stellen: Beide Orte sind planlos aus dem Boden gestampfte Ansammlungen gesichtsloser Hotelbauten. Grünanlagen? Fehlanzeige! Statt dessen vergammelte Apartmenthäuser, brachliegende Grundstücke, staubige Straßen. Ein Schritt in die richtige Richtung ist die Umgestaltung der Uferpromenade und des Pjazza tal-Bajja, des Zentrums von Bugibba/Qawra.

Am Ort kann man von Felsplateaus aus baden; zahlreiche Lidos bieten dort Snacks, Getränke und laute Musikbeschallung. Doch bis zu den schönen Sandstränden von **Ghajn Tuffieha** (s. S. 35 f.) und der **Mellieha Bay** (s. S. 56) ist es nicht weit.

Tauchschulen:
Octupus Garden, New Dolmen Hotel Beach, Qawra, Tel./Fax 58 25 86, und
Suncrest Diving Centre, Suncrest Hotel, Coast Road, Qawra, Tel. 57 71 01, Fax 57 27 12.
Sunny Coast Leisure Club: Freizeit- und Fitneßzentrum des Hotels Sunny Coast (s. S. 32), für das man Tages- oder Wochenmitgliedschaft erwerben kann.
Lion's Water Sports: Coast Rd, Qawra, Tel. 57 71 01-837. Diverse Wassersportarten.

Das Angebot an Hotels ist riesig. Die meisten unterscheiden sich kaum voneinander und lassen auch etwas an Charme vermissen.
New Cartwheel Hotel:
St. Anthony Street, Bugibba, Tel. 57 16 69, Fax 57 55 05, günstig.

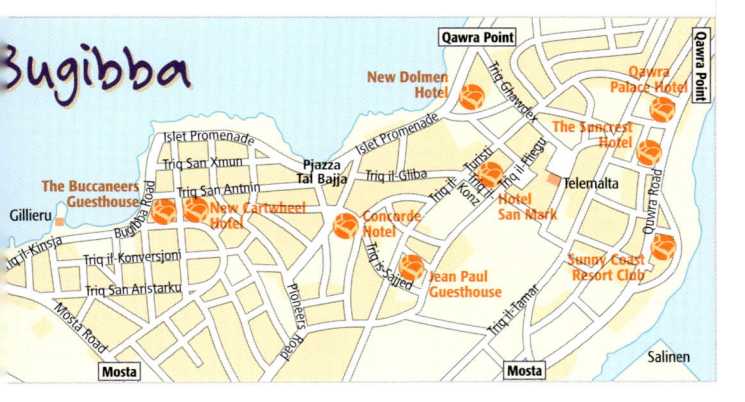

Bugibba/Qawra *Orte von A bis Z*

2-Sterne-Hotel mit zweckmäßig eingerichteten Zimmern.
The Buccaneers Guesthouse:
Gulju Street, Bugibba, Tel./Fax: 57 16 71, günstig.
Nettes, sauberes *guesthouse*. Eine gute Adresse für Reisende mit schmalem Geldbeutel.
Sunny Coast Resort Club:
Qawra Coast Road, Qawra, Tel. 57 29 94, Fax 57 68 20, moderat.
91 Apartments für Selbstversorger, mehrere Swimmingpools, großzügiges (Wasser-)Sportangebot im Sunny Coast Leisure & Fitness Club.
Concorde Hotel: Il-Halel Street, Bugibba, Tel. 57 19 94, Fax 33 35 58, moderat.
Sauberes 3-Sterne-Hotel, das sich wohltuend von den Massenbetrieben abhebt. Auf Swimmingpool und Sonnenterrasse muß man nicht verzichten. Zentrale Lage.
Jean Paul Guesthouse: Kavetta Street, Bugibba, Tel. 57 61 42, Fax 57 61 42, moderat.
Wem persönliche Atmosphäre wichtiger ist als großer Komfort, der ist hier richtig.
New Dolmen: Qawra, Tel. 58 15 10, Fax 58 15 32, teuer.
Großzügig gestaltete Hotelanlage mit knapp 400 Zimmern. Mehrere Swimmingpools, Sauna, Disco und zahlreiche Sportmöglichkeiten. Der besondere Hit: ein hoteleigener Megalithtempel!
The Suncrest Hotel: Qawra Coast Road, Tel. 57 71 01, Fax 57 54 78, teuer.
Riesige Anlage; Tennis, Squash, Fitneßraum, Wassersport, Tauchen, Bars, Nachtclubs…
Qawra Palace Hotel: Qawra Coast Road, Qawra, Tel. 58 01 31, Fax 58 06 62, teuer.
Großhotel ohne besonderes Flair, zur Salina Bay hin gelegen. Zur Ausstattung gehören u. a. diverse Schwimmbäder, eine Disco, ein Fitneßraum und Tennisplätze.
Hotel San Mark: Il-Konz Street, Qawra, Tel. 57 20 27, Fax 57 52 28, teuer.
Zu Beginn der 90er Jahre renoviertes, überschaubares Hotel mit sauberen, wenn auch schlicht möblierten Zimmern.

Coral Reef: Qawra Coast Road, Qawra, Tel. 57 71 01. tgl. ab 19 Uhr, 15. Jan. bis 13. Feb. geschlossen.
Gehobenes Restaurant mit ausgezeichneten, einfallsreichen (u. a. vegetarischen) Gerichten. Besonders schön – mit Blick auf die Salina Bay – sitzt man auf der Terrasse. Aufmerksamer Service.
Tal-Kaptan: Qawra Coast Road, Qawra, Tel. 57 71 01, im Sommer tgl. 18.30–23.30 Uhr, im Winter Mo und Di geschlossen.
Sehr populäre Pizzeria. Empfehlenswert sind die Plätze auf der Terrasse über den Pools des Sun Crest Hotels und der Salina Bay. Innen ist's etwas nüchtern, doch das wird durch die hervorragende Pizza wieder wettgemacht.
La Sopresa: It-Turisti Street, Bugibba, Tel. 57 73 01, tgl. 18–23 Uhr.
Das Restaurant ist in zwei Räume unterteilt – einer rustikal, der andere vornehmer. Pizza, Pasta, Fisch und einige maltesische Spezialitäten wie Kaninchen und Bragioli.
Il-Gzejjer: Bognor Beach Street, Bugibba, Tel. 57 23 77, tgl. 10–18, 19–24 Uhr.
Unprätentiöses Restaurant abseits des Trubels – mit Charme und guter einheimischer Küche!

Rund um die Pjazza tal-Bajja **Souvenirshops** und **Schmuckläden** noch und nöcher.

Orte von A bis Z # Buskett Gardens

Neben den Discos der besseren Hotels gibt's noch eine Reihe anderer Nightspots:
Incognito: Fliegu Street, mit Live-Musik und Kabarett.
Flamingo Pub: Il-Mazzola Street, macht dem Slogan »If it's too loud, you're too old« (Wenn es zu laut ist, bis du zu alt) alle Ehre.
Sounds Pub: schräg gegenüber vom Flamingo; Musik, Billard und Videospiele.
Monavale Night Club: Il-Halel Street; öfters Live-Musik.

Busse: Die Busstation liegt hinter dem Hotel New Dolmen an der It-Turisti Street. Sliema erreicht man mit Bus Nr. 70, Valletta mit Bus Nr. 49, Rabat mit Bus Nr. 86 und Ghajn Tuffieha mit Bus Nr. 51. Mit Bus Nr. 48 zur Mellieha Bay und zum Fähranleger von Cirkewwa. Bus Nr. 627 fährt als *direct service* (ohne Umsteigen in Valletta) über Sliema und Vittoriosa nach Marsaxlokk, Nr. 427 direkt über San Anton Gardens nach Marsaxlokk.

Buskett Gardens

Lage: J 10

Der Name der idyllischen Parkanlage südöstlich von Rabat geht auf das italienische Wort *boschetto*, ›Wäldchen‹, zurück. Mehr als ein Wäldchen sollte der Besucher auch nicht erwarten. Nichtsdestotrotz ziehen Wochenende für Wochenende Malteser mit Kind und Kegel hierher, um zwischen Zitronen- und Olivenbäumen zu picknicken. Die kleine Oase haben sie den Johannitern zu verdanken, die das Areal im 16. Jh. als Jagdrevier anlegen ließen. Hier wurde der berühmte Malteser Falke gefangen, den der Orden alljährlich Kaiser Karl V. als symbolische Le-

Der Malteser Falke

Mit der Übernahme von Malta verpflichtete sich der Johanniterorden, dem Lehensgeber Kaiser Karl V. als symbolische Gabe alljährlich einen Falken zu überreichen, der in den Buskett Gardens gefangen wurde. Dieser ›Malteser Falke‹ inspirierte den amerikanischen Schriftsteller Dashiell Hammett zu dem gleichnamigen Roman. Darin geht es nicht um den lebendigen Vogel, sondern um einen Falken aus Gold, der gestohlen wird und nach einer Odyssee schließlich in Amerika auftaucht. Ein Kunstsammler und seine Begleiterin setzen alles daran, das Kleinod an sich zu bringen. Auch vor Mord schrecken sie nicht zurück. Schließlich gelingt es dem Privatdetektiv Sam Spade, die Figur zu finden – nur um festzustellen, daß es sich um eine Fälschung aus Blei handelt. Die Verfilmung des Romans (1941) mit Humphrey Bogart gilt als Klassiker des amerikanischen Kinos.

Comino

Orte von A bis Z

hensgabe überreichen mußte. Der Verdala Palace (16. Jh.), der sich weithin sichtbar über den Baumwipfeln erhebt, diente früher den Großmeistern des Ordens als Sommerresidenz. Heute finden hier gelegentlich Staatsempfänge statt. Für die Öffentlichkeit ist der Palast nicht zugänglich.

Mnarja-Lichterfest (s. S. 15) am 29. Juni.

Einige **Busse** der Linie 80 halten auf dem Weg nach Dingli an den Buskett Gardens.

Comino

Lage: F/G 4
Einwohner: 3
Extra-Tour 3: s. S. 88f.

Jahrhundertelang diente das karge Inselchen Comino, auf halbem Wege zwischen Malta und Gozo gelegen, in erster Linie Piraten als Unterschlupf – kaum verwunderlich, denn die Insel besitzt viele natürliche Häfen und eine Steilküste mit tiefen Höhlen. Heute ist das Eiland besonders wegen der Blauen Lagune, in deren türkisschimmerndem Wasser man herrlich baden kann, ein populäres Ziel. Im Sommer wimmelt es in dem Meeresarm zwischen Comino und dem vorgelagerten Felsen Cominotto von Ausflugsbooten und Jachten. Aber auch außerhalb der Badesaison lohnt sich die Überfahrt. Daß auf Comino im Frühjahr besonders viele Blumen blühen, mag man zu anderen Zeiten nicht glauben. Auf Sandwegen, die kreuz und quer über die Insel führen, kann man schön spazierengehen und dabei die herrlichen Ausblicke nach Gozo und Malta genießen. Mit entsprechendem Schuhwerk lassen sich auch die Steilklippen im Norden der Insel erkunden. **Wichtig:** Auf Comino verkauft nur im Sommer ein Kiosk an der Blauen Lagune Getränke und Eis. Schatten ist ebenfalls Mangelware. Wasserflaschen und Sonnenschutz dürfen also auf keinen Fall fehlen!

Blue Lagoon: Am handtuchgroßen Sandstrand der Blauen Lagune ein kleines Plätzchen zu ergattern oder auf der betonierten Bootsanlegestelle ist – zumindest im Sommer – fast ausgeschlossen. Eine Ausweichmöglichkeit bietet das Felseninselchen Cominotto, zu dem man allerdings schwimmen muß.
Santa Marija Bay: Ein schmaler Sandstreifen unter Tamarisken lädt zum Ausruhen und Schwimmen ein. Allerdings ist das Wasser hier nicht so spektakulär wie in der Blauen Lagune.
Der kleine Sandstrand in der **San Niklaw Bay** ist den Gästen des Comino Hotels vorbehalten.

Tauchschule: Tony's Diving, beim Comino Hotel, Tel. 52 98 21, Fax 52 98 26.
Tagesausflügler können die Einrichtungen gegen Gebühr (s. S. 35) nutzen.

Comino Hotel:
Tel. 52 98 21, Fax 52 98 26, Luxus.
Das an der San Niklaw Bay gelegene Hotel mit Bungalowanlage ist der ideale Rückzugsort für Leute, die auf Trubel weitgehend verzichten können. Ein umfangreiches Sportangebot sorgt aber dafür, daß dennoch keine Langeweile aufkommt. Ein hoteleigenes Boot, das zwischen Malta, Gozo und

Orte von A bis Z # Ghajn Tuffieha

Früher Pirateninsel, heute Ausflugsziel: Comino

Comino pendelt, stellt die Verbindung zur ›Außenwelt‹ sicher. **Tagesausflügler** können nach Voranmeldung für 12 Lm (wochentags und 14 Lm (Sa, So) den Hotelstrand sowie Liegen und Sonnenschirme nutzen. Im Preis eingeschlossen sind der Bootstransfer und ein Mittagessen, nicht zuletzt darf man sich auch in den Sportanlagen (Tennisplatz, Tauchschule) tummeln.

Campingplatz: An der Santa Marija Bay im Norden der Insel ist ein kleines Areal als ›Campingplatz‹ ausgewiesen. Dieser sei der Vollständigkeit halber erwähnt. Der Mangel an Versorgungseinrichtungen – es fehlen u. a. sanitäre Anlagen – macht das Campen aber für Mensch und Natur gleichermaßen zur Qual.

🔄 Das **Boot des Comino Hotels** pendelt von März bis Oktober mehrmals täglich zwischen Comino, Malta (Cirkewwa) und Gozo (Mgarr) hin und her. Auch Nicht-Gäste können diesen Service für 2 Lm (Hin- und Rückfahrt) nutzen, Hotelgäste haben allerdings Vorrang. Die Tickets erhält man nach Ankunft in der Hotelrezeption.

Ausflugsboote: Vom Landungssteg Cirkewwa legt mehrmals täglich die ›Royal 1‹ ab. Sie steuert neben der Blauen Lagune bei gutem Wetter auch eine Reihe von Höhlen an. Zahlreiche Veranstalter bieten Bootsfahrten nach und rund um Comino an, z. B.: Captain Morgan, Te . 34 33 73, oder Xlendi Pleasure Cruises, Tel. 55 56 67/56 25 48.

Ghajn Tuffieha

Lage: G 7

Am südwestlichen Ende des fruchtbaren Pwales Valley erwarten den Besucher die schönsten Buchten der Hauptinsel: die Golden Bay sowie die benachbarte, ursprünglichere Ghajn Tuffieha Bay. Allerdings: Geheimtips sind

Ghajn Tuffieha

Orte von A bis Z

beide Strände längst nicht mehr. Im Sommer ist es entsprechend voll. Ghajn Tuffieha bezeichnet übrigens keinen Ort, wie man bei einem Blick auf die Landkarte vermuten könnte, sondern ein Gebiet mit zwei Hotels.

Golden Bay: Der feinsandige Strand ist touristisch besser erschlossen als die Nachbarbucht. Außer Liegestühlen und Sonnenschirmen wird auch Wassersport angeboten (Paragliding, Surfboards, Tretboote). Neben Snackbars sorgt ein Restaurant fürs leibliche Wohl. Im Sommer scheint hier aber halb Malta versammelt.

Ghajn Tuffieha Bay: Zum ebenfalls sehr feinen Sandstrand steigt man über eine Treppe herab. Hier gibt es nur zwei Snackbuden – und viel weniger Trubel.

Gnejna Bay: Man erreicht den kleinen Strand von Mgarr aus mit dem Auto oder zu Fuß in etwa 15 Min. über den Hügel von der Ghajn Tuffieha Bay. Dort baden vor allem Malteser.

Reiten: In der Nähe der Bushaltestelle an der Golden Bay befindet sich die Hal Ferh Reitschule, die ein- bzw. zweistündige Ausritte in die landschaftlich reizvolle Umgebung der Bucht anbietet (Tel. 57 33 60).

Roman Baths: Links der Straße, die von Ghajn Tuffieha nach Mgarr führt (ca. 1 km), haben sich Fundamentreste einer Badeanlage aus römischer Zeit erhalten, die von der aufwendigen Badekultur der Römer zeugen. Erhalten blieben Bodenmosaiken, Teile der Hypokaustenheizung und die Gemeinschaftslatrine. Man kann die Anlage in der Regel vor- und nachmittags besichtigen.

Mgarr: Das Örtchen Mgarr (Bus Nr. 47) wird von einer gewaltigen Kuppelkirche überragt, die im Volksmund auch als ›Egg Church‹ bezeichnet wird. Am Ortseingang (ausgeschildert) liegen die Überreste des Megalithtempels **Ta'Hagrat** (den Schlüssel zur eingezäunten Anlage erhält man im Archäologischen Museum von Valletta).

Mgarr: Gespräch unter Männern

Orte von A bis Z **Gozo: Gharb**

Zebbieh (H 8): Auch das Nachbardörfchen Zebbieh kann Reste einer neolithischen Tempelanlage vorweisen. Der nur rudimentär erhaltenene **Skorba-Tempel** liegt in der Nähe der Straße nach Ghajn Tuffieha (ausgeschildert).

Hal Ferh Holiday Village: Ghajn Tuffieha, Tel. 57 38 83, Fax 57 38 88, günstig/moderat.
Das großzügig angelegte Feriendorf fügt sich harmonisch in die Landschaft. Neben einer Reihe von Bungalows werden auch Apartments angeboten. Man kann zwischen Selbstverpflegung und Voll- bzw. Halbpension wählen. Sport und Animation werden groß geschrieben.

Golden Sands Hotel: Golden Bay, Tel. 57 39 61, Fax 58 08 75, moderat.
Nüchterner, nicht eben neuer Hotelbau hoch über der Golden Bay, für all jene geeignet, die in erster Linie an einem Strandurlaub interessiert sind.

Busse: Verbindung von/nach Valletta Nr. 47 über Mosta und Mgarr sowie Nr. 51 oder Nr. 52 über St. Paul's Bay. Nr. 652 von/nach Sliema über Bugibba.

Gozo

Gharb (Gozo)

Lage: B 2
Einwohner: 1000
Extra-Tour 5: s. S. 93

Das im Westen der Insel gelegene Gharb ist eines der idyllischsten gozitanischen Dörfer. Entzückend ist der kleine Dorfplatz mit einer üppigen Barockkirche. Eine Polizeistation, die rote Telefonzelle und die Bank für einen gemütlichen Plausch unter Dorfbewohnern fehlen hier natürlich auch nicht.

Folklore Museum: Church Square 99, Tel. 56 19 29, Mo–Sa 9–16, So 9–12.30 Uhr.
Ein besserer Ort als Gharb ist für ein Museum dieser Art kaum vorstellbar. In 28 Räumen erzählen die von einer Familie aus Malta liebevoll zusammengetragenen Exponate – Druckmaschinen, Weinpressen, alte maltesische Trachten – von Alltag und Tradition auf der Insel. Allein schon das Gebäude aus dem frühen 18. Jh. ist sehenswert.

Ein Spaziergang durch eine herrliche Landschaft führt zur kleinen **San Dimitri-Kapelle** (ca. 2 km nördlich, s. S. 93).

Salvina: Frenc Ta L-Gharb Street 21, Tel. 55 25 05, tgl. außer Do 12–15, abends ab 19 Uhr.
In dem gemütlichen Restaurant werden neben Fischspezialitäten auch typisch maltesische Gerichte serviert.

Jeffrey's: L'Gharb Street 10, Tel. 56 10 06, tgl. außer So 19–23 Uhr.
Das am Ortseingang gelegene Restaurant ist in einem alten Bauernhaus mit hübschem Innenhof untergebracht. Die Speisekarte wechselt täglich und richtet sich nach dem Angebot des Marktes. Die bodenständigen Speisen sind ausgezeichnet. Nicht ganz billig.

Neben dem Restaurant Jeffrey's liegt **Gozo Glass,** Tel. 56 19 74, wo man den Glasbläsern bei der Arbeit zuschauen

Gozo: Marsalforn

kann. Nebenan werden die farbenfrohen Produkte verkauft.

Mehrmals täglich pendelt der **Bus** Nr. 2 zwischen Victoria und Gharb hin und her.

Marsalforn (Gozo)

Lage: C/D 1/2

Der in einer weiten Bucht gelegene Badeort ist neben Xlendi Gozos zweite ›Touristenhochburg‹. Im Sommer geht es hier recht lebhaft zu – kein Vergleich jedoch mit den maltesischen Ferienzentren. Die breite Uferpromenade ist zum Flanieren wie geschaffen – was maltesische Familien und Touristen gleichermaßen zu schätzen wissen. Eine Reihe von Restaurants und Snackbars laden an der Hafenfront zum Verweilen ein. Ähnlich wie in Xlendi sorgt der Bau neuer Apartmenthäuser dafür, daß der bis dato überschaubare Ort an den Rändern allmählich ›auszufransen‹ beginnt.

Strände: Vor dem Hotel Calypso gibt's einen Ministrand mit grobem Sand. An der gegenüberliegenden Seite der Bucht sonnt man sich auf Felsplateaus, Steigleitern führen ins wunderbar klare Wasser. Besser badet man aber an der Ramla Bay (s. S. 48), einsamer ist's an der Xwieni Bay (s. Ausflüge).

Tauchschulen bieten Tauchkurse und Tagesfahrten per Boot an:
Nautic Team Gozo, Volcano Street, Tel. 55 85 07, Fax 55 85 07.
Gozo Aqua Sports, ›Green Valley‹, Rabat Road, Tel. 56 30 37, Fax 55 99 38.
Calypso Diving Centre, Hotel Calypso, Tel. 56 20 00, Fax 56 20 20.
Atlantis Diving, Hotel Atlantis, Qolla Street, Tel. 56 18 26, Fax 55 56 61.
Wer **Tennis** oder **Squash** spielen möchte, kann gegen eine Gebühr die Anlagen des Hotel Calypso benutzen. **Windsurfer** und **Wasserskifahrer** wenden sich an Xlendi Pleasure Cruises, Büro am Ende der Promenade Richtung Qbajjar, Tel. 55 56 67.

Ein schöner Spaziergang führt am Meer entlang über **Qbajjar** zur **Xwieni Bay** (ca. 45 Min. nordwestlich), wo man überall auf den Felsplateaus Salzpfannen entdeckt. Sie werden schon seit Jahrhunderten für die Meersalzgewinnung genutzt.

Electra Hotel: 12/13 Valley Road, Tel. 55 61 96, günstig.
Das kleine Hotel mit seinen 15 einfach eingerichteten Zimmern bietet die intime Atmosphäre eines Familienhotels.
Marsalforn Hotel: Rabat Road, Tel. 55 61 47, günstig.
So unprätentiös wie der Name ist das ganze Hotel: schlicht, sauber, preiswert. Von der Dachterrasse bietet sich ein schöner Blick. Angeschlossen ist ein kleines Restaurant, das auch Malteser gerne aufsuchen. Die Besitzerfamilie unterhält auch eine Anlage mit Apartments für Selbstversorger.
Il-Plajja Guesthouse:
8 St. Joseph Street, Tel. 56 34 25, Fax 56 34 27, günstig.
Ordentliches *guesthouse* in zentraler Lage mit geschmackvoll eingerichteten Zimmern. Angeschlossen sind ein Restaurant und eine Snackbar.

Orte von A bis Z

Gozo: Marsalforn

Lantern Guesthouse: Qbajjar Street, Tel. 56 23 65, Fax 55 62 85, günstig.
Wer eine saubere Unterkunft ohne viel Schnickschnack sucht, liegt hier genau richtig. Die Besitzerfamilie unterhält im gleichen Haus ein Restaurant, in dem man gut speisen kann.

Calypso Hotel: Tel. 56 20 00, Fax 56 20 12, moderat.
Nüchternes Mittelklassehotel direkt an der Bucht. Von einigen Zimmern hat man einen schönen Blick auf das Meer und den Ort. Auf dem Dach befinden sich eine großzügige Sonnenterrasse und ein kleiner Pool. Für Squash- und Tennisfreunde stehen hauseigene Anlagen zur Verfügung.

Atlantis Hotel: Qolla Street, Tel. 55 46 85, Fax 55 56 61, moderat.
Etwas abseits der Bucht gelegen, bietet dieses 3-Sterne-Hotel in Familienbesitz mehr Atmosphäre als das gleichrangige Calypso Hotel. Erfrischen kann man sich in einem recht großzügigen Swimmingpool. Angeschlossen ist die Tauchschule Atlantis Diving.

Ferienapartments: Vermittelt z. B. Simon & Terri Grech, 41/4 St. Mary Street, Tel. 56 36 07.

Xwieni Bay: Das Salz in der maltesischen Suppe – hier wird es gewonnen

🍴 Nirgendwo auf Gozo gibt es so viele gute Restaurants wie in Marsalforn.

Il-Kartell: An der westlichen, nach Qbajjar hin gelegenen Seite der Bucht, Tel. 55 69 18, 11.30–15, 19–22.30 Uhr, März–Mai Mi geschlossen, Juni–Oktober tgl. geöffnet.
Das bei Einheimischen und Touristen beliebteste Restaurant – entsprechend lebhaft geht es hier zu. Besonders schön sitzt man an den Tischen direkt am Kai. Hauptsächlich frischer Fisch, aber auch Pasta und Fleischgerichte werden serviert. Wer maltesische Küche kosten möchte, hat die Wahl zwischen Fischsuppe, Kaninchen und Bragioli.

Pebbles: nahe Il-Kartell, Tel. 55 61 51, im Sommer tgl. 9–24 Uhr, im Winter tgl. 10–15 Uhr.
Auf den ersten Blick ein wenig unscheinbar, dennoch seit Jahren ein Renner aufgrund der guten, bodenständigen Küche.

La Trattoria – Republic: An der östlichen Seite der Bucht, kurz vor dem Hotel Calypso, Tel. 55 68 00, tgl. außer Mo 11.30–15, 19–22.30 Uhr.
Auf der kleinen Terrasse dieses beliebten Familienrestaurants sitzt es sich besonders nett. Gute Salate, leckeres Knoblauchbrot, empfehlenswert sind auch die Nudelgerichte.

Simply Blues: Marina Street, unweit des Hotels Calypso, Tel. 55 91 50, tgl. 10–16 und ab 18 Uhr.

Gozo: Mgarr

Orte von A bis Z

Gozo: Himmel, Felder und der Blick aufs weite Meer...

Kleines, freundliches Restaurant; Gespeist wird vor allem draußen – allerdings ohne Blick über die Bucht. Fischgerichte und Pasta etc.; viele Stammgäste.
Pulena: Marina Street, unweit des Hotels Calypso, Tel. 55 97 77, im Sommer tgl. außer Mo 12–15, 18.30–23.30 Uhr, Winter Mo–Sa 18.30–22.30, mittags nur So.
Kleines freundliches Restaurant zum drinnen und draußen Sitzen. Italienisch angehauchte Küche, aber auch einige maltesische Gerichte.
... in Qbajjar:
Qbajjar-Restaurant: am Weg zur Xwieni Bay, Tel. 55 11 24, tgl. 9–24 Uhr.
Einfaches, empfehlenswertes Familienrestaurant mit einer großen Terrasse, etwas außerhalb von Marsalforn gelegen. Bekannt für seine riesigen Portionen.

Das Nachtleben spielt sich in verschiedenen Bars ab, z. B. der **Ritz Bar** (unter dem Gauleon) oder dem **Yellow Rock Pub,** Qbajjar Street. Über dem Il-Kartell liegt die Cocktail Bar **Cocktails & Dreams,** wo man sich bei Poolbillard und Videospielen vergnügen kann.

Bus Nr. 21 mehrmals tgl. von/nach Victoria.

Mgarr (Gozo)

Lage: E 3
Extra-Tour 5: s. S. 92

Wer mit der Fähre nach Gozo reist, betritt in Mgarr zum ersten Mal gozitanischen Boden. Sehr lebhaft geht es in dem kleinen Hafen zu, wo neben den Fährschiffen auch bunte Fischerboote und Segeljachten festmachen. Unten am Hafen kann man von einigen Restaurants aus dem geschäftigen Treiben zuschauen. Hoch über dem Dorf ragt die neogotische Dorfkirche Our Lady of Lourdes aus dem 19. Jh. empor, links davon das mächtige Fort Chambray, die letzte Festung, die die Johanniter bauten.

Wer gut zu Fuß ist, kann von Mgarr aus nach **Mgarr ix-**

Orte von A bis Z **Gozo: Sannat**

Xini wandern (ca. 45 Gehminuten). In der fjordähnlichen Bucht, die den Johannitern als Hafen für ihre Flotte diente, kann man wunderbar schwimmen. Ein mächtiger Wachturm, der im 17. Jh. zum Schutz gegen Piraten gebaut wurde, ragt über dem schmalen Meeresarm auf. Zwischen Mai und September bietet eine Bar vorzügliche Speisen an. Die Bucht ist auch mit dem Auto zu erreichen: An der Straße von Xewkija nach Sannat zweigt auf halbem Weg eine Stichstraße ab, die bis nach Mgarr ix-Xini hinunterführt.

Gozo Heritage: ›Multivisionsshow‹ am Weg nach Victoria (ca. 3 km), Mgarr Road, Ghajnsielem, Tel. 55 14 75, Mo–Sa 9–17.15 Uhr.
Mit lebensgroßen Puppen und speziellen Ton- und Lichteffekten wird Gozos Geschichte zum Leben erweckt. Geschmackssache!

Touristeninformation: Mgarr Harbour (gegenüber dem Fähranleger), Tel. 55 33 43, Mo–Sa 9–13, 13.30–17, So 9–12.30 Uhr.

Grand Hotel: St. Anthony Street, Tel. 55 61 83, Fax 55 97 44, teuer.
Das 46 Zimmer umfassende Haus ist Gozos neueste Errungenschaft in Sachen Hotel. Den Gast erwartet eine gepflegte, wenngleich ein wenig unpersönliche Atmosphäre. Von den Balkonen bietet sich ein hübscher Blick auf den malerischen Hafen von Mgarr.
L-Imgarr: Ghajnsielem, Tel. 56 04 55, Fax 55 75 89, Luxus.
Wer phantastische Ausblicke liebt und den Komfort eines 5-Sterne-Hotels schätzt, ist in diesem hier gut aufgehoben. Die Lage hoch oben über dem Hafen von Mgarr könnte kaum schöner sein – bis hinüber nach Malta reicht der Blick. Das gesamte Hotel ist ausgesprochen geschmackvoll und sehr persönlich eingerichtet.

Manoel's Restaurant: Manoel de Vilhena Street, Tel. 56 35 88, tgl. außer So ab 18 Uhr, So nur zur Mittagszeit geöffnet.
Direkt am Hafen gelegenes kleines Restaurant, das neben Fisch auch Fleischgerichte auf der Karte führt. Beachtung verdient die hervorragende Weinkarte mit einer großen Auswahl an einheimischen und internationalen Weinen. Von der Terrasse hat man einen schönen Blick auf den Hafen.
Il-Kcina tal Barrakka: 28 Manoel de Vilhena Street, Tel. 55 65 43, tgl. außer Mo 19.30–1 Uhr morgens, Nov.–Mai geschlossen.
Wie das Manoel's ebenfalls direkt am Hafen gelegen. Eines der besten Fischrestaurants der Insel! Die angenehm entspannte Atmosphäre wird auch von Einheimischen sehr geschätzt. Reservierung empfohlen.

Bus Nr. 25 von/nach Victoria; die Abfahrtszeiten richten sich nach dem Fahrplan der Fähre. Der letzte Bus nach Mgarr fährt um 16.30 Uhr in Victoria ab.

Sannat (Gozo)

Lage: C 3
Einwohner: 1700

Die hübsche, kleine Gemeinde wäre nicht weiter erwähnenswert, läge hier nicht das bekannte 5-Sterne-Hotel Ta'Cenc. Schmucke Anwesen, die – wie die Wap-

Gozo: Victoria

pen an den Fassaden verraten – meist im Besitz von USA-, Kanada- oder Australien-Heimkehrern sind, prägen das Ortsbild.

Ta'Cenc Cliffs: In der Nähe von Sannat (ca. 30 Min. Fußweg südöstlich) fallen 145 m hohe Steilklippen ins Meer ab. Der atemberaubende Blick hinunter zum Meer ist nur etwas für Schwindelfreie.

Ta'Cenc Hotel: Tel. 56 68 19, Fax 55 81 99, Luxus.
Die weitläufige, größtenteils aus kleineren Bungalows bestehende Anlage ist ein hervorragendes Beispiel für eine gelungene Integration eines Hotels in die Landschaft. Den Mittelpunkt bilden zwei großzügig bemessene Pools. Aber auch einen Privatstrand kann das Hotel sein eigen nennen. Und unter neuer Leitung wird auch der Service einem 5-Sterne-Hotel wieder gerecht.

Victoria (Gozo)

Lage: C 2/3
Einwohner: 7000

Unangefochtenes Zentrum der Insel Gozo ist Victoria, Hauptstadt und zugleich größte Gemeinde des Eilandes. Namenspatronin des Städtchens war niemand geringeres als Queen Victoria. Die Einheimischen bevorzugen allerdings den alten arabischen Namen ›Rabat‹. Hoch über den Dächern der Stadt ragt stolz die Zitadelle auf, deren mächtige Mauern den Insulanern einst Schutz vor Piratenüberfällen boten und die heute die Hauptattraktion der Insel darstellt. Sehr viel ruhiger geht es in den bezaubernden Gassen der Altstadt zu, in denen sich das Alltagsleben der Gozitaner oft von seiner pittoresken Seite zeigt.

Zitadelle: Es empfiehlt sich, die Zitadelle am frühen Morgen oder am späten Nachmittag aufzusuchen, wenn man die kleinen Gassen fast für sich allein hat. Das Licht läßt dann das Herz eines jeden Fotografen höher schlagen.

Durch ein mächtiges Tor betritt man den Cathedral Square, der ganz von der Fassade der **Kathedrale** dominiert wird. Das von dem maltesischen Barockbaumeister Lorenzo Gafà ab Ende des 17. Jh. errichtete Gotteshaus (Besichtigung nur außerhalb der Messe, Eintritt 30 c) wartet mit einem Kuriosum auf: Da man aus Geldmangel auf eine Kuppel verzichten mußte, behalf man sich mit einem Deckengemälde, das eine Kuppel vortäuscht!

Links von der Kathedrale führt eine Gasse zur **Festungsmauer,** an der die verschiedenen Bastionen liegen. Von hier genießt man einen sensationellen Blick über Gozo. Wohin man seine Schritte auch lenken mag, bald steht man wieder am Cathedral Square, wo sich neben der Kathedrale auch der Bischofspalast und der ehemalige Gerichtshof befinden.

Zur Zitadelle gehören einige sehenswerte Museen:
Archäologisches Museum: Prison Street, Tel. 55 61 44, Winter (1.10.–31.3.): Mo-Sa 8.30–16.30, So 8.30–15 Uhr, Sommer (1.4.–31.9.): Mo-Sa 8.30–17, So 8.30–15 Uhr.
Das in einem prachtvollen ehemaligen Adelspalais untergebrachte Museum bietet einen guten Überblick über die frühe Geschichte Gozos. Im Erdgeschoß ist der

Orte von A bis Z **Gozo: Victoria**

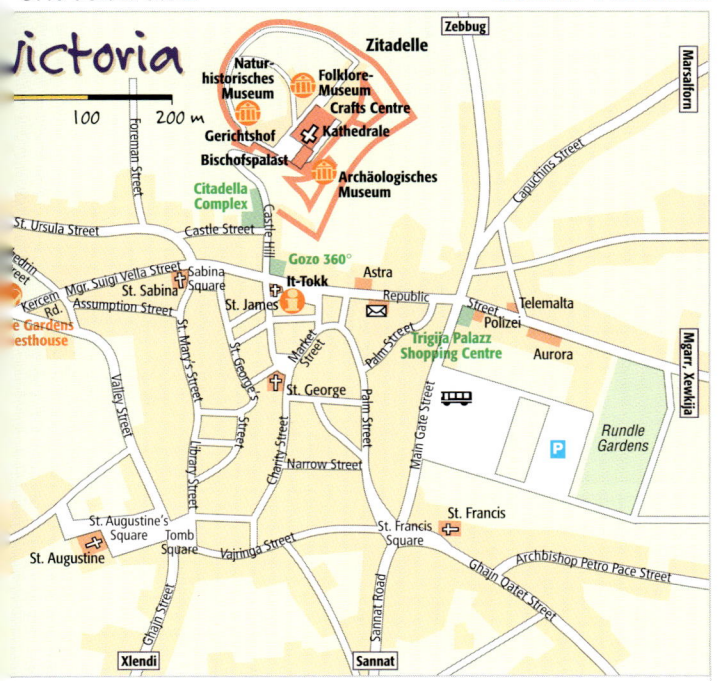

erste Raum rechts besonders interessant, wo verschiedene Funde aus dem Tempel von Ggantija (s. S. 47) zu bewundern sind, darunter ein Stein mit einem Schlangenrelief, der vermutlich mit einem Fruchtbarkeitskult in Zusammenhang stand. Das Obergeschoß birgt Funde aus der Zeit der Phönizier, Römer, Byzantiner und der Araber.

Folklore-Museum: M. Bernardo Street, Tel. 56 20 34, geöffnet wie Archäologisches Museum.

In einem Labyrinth von Zimmern, Kammern und Treppchen erzählen landwirtschaftliche Gerätschaften, Haushaltsgegenstände, Gewehre, Klöppeldeckchen, Puppenstuben u. v. m. von den alten Traditionen der Insel. Hochinteressant! Schade, daß ausführliche Erläuterungen fehlen.

Naturhistorisches Museum: Quarters Street, Tel. 55 61 53, geöffnet wie Archäologisches Museum.

Die liebevoll zusammengetragene Sammlung zur Geologie sowie zur Flora und Fauna der Insel ist in einem Haus aus dem 17. Jh. untergebracht.

Crafts Centre: Prison Street, im Winter Mo–Sa 8–16.45, im Sommer Mo–Sa 8–18.45 Uhr.

Die ganze Bandbreite des gozitanischen Kunsthandwerks im Gebäude des ehemaligen Gefängnisses. Kaufen kann man nichts, doch reihen sich in der Prison Street die Souvenirshops.

Gozo Sports Complex: Tel. 56 06 77, Fax 56 06 79. Bietet verschiedene Sportmöglichkeiten wie Tennis, Squash, Bad-

Gozo: Victoria

Orte von A bis Z

Zum Einkaufen und Flanieren nach Victoria...

minton, Tischtennis und einen Fitneßraum.
Reitschule Wagon Wheel:
Marsalforn Road, Tel. 55 75 52 (nach 17 Uhr).
An der Straße nach Marsalforn. Neben Reitunterricht stehen auch Ausritte auf dem Programm.

Ansprechpartner für **Bootsausflüge** und **Taxifahrten** ist Familie Vella (Adresse s. Hotels), die auch **Autos, Motorräder** und **Fahrräder** vermietet.
Dwejra Bay (A 2): Die Tour zu der abgelegenen Bucht im Westen der Insel ist ein ›Must‹ auch für Tagesausflügler (ca. 6 km, Bus Nr. 91 nur im Sommer). Berühmt ist das **Azure Window (A 2),** ein Felsvorsprung, in den die tosende Brandung ein riesiges Fenster gewaschen hat. Besonders dramatisch wirkt die Szenerie an windigen Tagen, wenn hohe Wellen durch das Felsentor peitschen. Nicht weit davon liegt die kleine **Inland Sea (A 2),** ein Pool, der durch eine Felsspalte mit dem offenen Meer in Verbindung steht. Taucher nutzen diese Passage, und auch Fischer boote fahren an windstillen Tagen hindurch. Snackbars an der Inland Sea halten in den Sommermonaten Erfrischungen bereit. Der Bucht vorgelagert ist der **Fungus Rock,** auf dem die Johanniter eine angeblich blutungsstillende Schwammpflanze ernteten, für deren europaweiten Verkauf sie das Monopol besaßen. Wissenschaftliche Untersuchungen konnten jedoch keinerlei Heilwirkung nachweisen.

Tourist Information: Independence Square (It-Tokk), Tel. 56 14 19, Fax 55 81 06, Mo–Sa 7.15–18, So 8–13 Uhr, an Feiertagen geschlossen.

Nachdem das einzige Hotel der Stadt geschlossen hat, gibt es nur noch Privatunterkünfte, z. B.:
Catherine Vella, ›The Gardens‹, Kercem Road, Tel. 55 37 23, Fax 55 41 99.

Orte von A bis Z — **Gozo: Victoria**

Zum Relaxen an den Inland Sea, wo man sich in kleinen Snackbars stärken kann

Mrs. Vella und ihre redselige Tochter unterhalten neben einem einfachen, sauberen *guesthouse* auch Apartments in Victoria und vermitteln Apartments und Farmhäuser in Xlendi und Marsalforn.

Il-Panzier: Charity Street, Tel. 55 99 79, im Sommer tgl. außer Di mittags, 12–14 und ab 18.30 Uhr, im Winter Mi geschlossen.
Das Restaurant mit seinem entzückenden Innenhof liegt versteckt im Labyrinth der Altstadtgassen. Die Speisekarte umfaßt neben hervorragenden Pizza- und Pastagerichten auch Fisch und Fleisch. Herrscher über das kleine Refugium ist der Kater Attila.

Citadella Boutique: 4 Fosos Street, Tel. 55 59 53, tgl. 10–17 Uhr.
Im rustikalen Ambiente des kleinen Souvenirladens werden an ein paar hölzernen Tischen gozitanische Spezialitäten wie gepfefferter Bauernkäse, Kapern, knuspriges Bauernbrot, eingelegte Tomaten und hausgekelterter Landwein serviert. Ein Genuß!

Auberge Ta' Frenc: Marsalforn Street, Tel. 55 38 88, tgl. 12–14, 19–22.30 Uhr.
Das Restaurant für gehobene Ansprüche ist in einem Bauernhaus aus dem 14. Jh. untergebracht, umgeben von einem idyllischen baumbestandenen Garten (auf halbem Wege zwischen Victoria und Marsalforn).

Citadella Boutique: Auf der Zitadelle, s. Restaurants. Hier kann man Kunsthandwerk aus Gozo kaufen – alles von Glas bis Klöppelwaren.

It-Tokk-Markt: Unterhalb der Zitadelle auf der Pjazza Indipendenza, jeden Vormittag außer So.
Vor allem Textilien bis hin zu handgestrickten Pullovern. Links der Banca Giuturale wird frühmorgens fangfrischer Fisch verkauft. In den umliegenden Straßen bieten zahlreiche Läden allerlei Souvenirs an, auch Schmuckläden haben sich hier niedergelassen.

Gozo: Xaghra

Orte von A bis Z

Trigija Palazz Shopping Centre: Republic/Ecke Main Gate Street. Neueste Errungenschaft in Sachen Konsum. Neben Markenmode ein kleiner Supermarkt, eine Bank mit Geldwechselautomat und auch Schmuckläden.

Das gozitanische Nachtleben hält sich in Grenzen. Außerhalb der Sommermonate, wenn Gozos Tanzschuppen Nr. 1, La Grotta (s. S. 50), geschlossen hat, bleibt nur die **Disco im Astra Theatre** (s. Opernhäuser), die nur freitags und am Wochenende öffnet und vor allem von der gozitanischen Jugend besucht wird.

Astra & Aurora: Victoria verfügt gleich über zwei (!) **Opernhäuser,** beide in der Republic Street. Da sie privat finanziert werden, finden nur unregelmäßig Aufführungen statt. Wenn aber gespielt wird, ist halb Gozo anwesend.

Gozo 360°: Castle Hill, Mo–Sa 10.30–15.30 und So 10–13 Uhr jede halbe Std., Tel. 55 99 55. Moderne Ton-Bild-Show; auch in Deutsch (über Kopfhörer); abends zeigt man hier Kinofilme.

Festa: Am dritten Sonntag im Juli (St. George) und am 15. August (Kathedrale) ist ganz-Victoria aus dem Häuschen. Auch an **Karneval** ist der Inselhauptort das Zentrum verschiedener turbulenter Veranstaltungen.

Busse: Auf Gozo verkehren die Busse seltener als auf Malta. Info-Kiosk am Terminal in der Main Gate Street, den Fahrplan gibt's bei der Tourist Information. Am häufigsten fährt Bus Nr. 25, der u. a. am Hafen von Mgarr hält (Abfahrt in Victoria eine halbe Stunde vor Ablegen der Fähre).

Xaghra (Gozo)

Lage: D 2
Einwohner: 3600
Extra-Tour 5: s. S. 92

Wie eine Reihe anderer gozitanischer Dörfer liegt Xaghra auf einem Tafelberg – an vielen Stellen bietet sich ein herrlicher Blick über die Insel. Der Ort gehört zu den größten Gemeinden der Insel, was seinem dörflichen Charakter aber keinen Abbruch tut. Xaghras Mittelpunkt ist der kleine Dorfplatz, der mit seinen Tante-Emma-Lädchen und Kneipen ein beliebter Treffpunkt der Einheimischen ist. Beim Bummel durch die Gassen

Orte von A bis Z — **Gozo: Xaghra**

Ramla Bay – die schönste Bucht des Archipels

stößt man immer wieder auf malerische Ecken. Förmlich ›vor der Haustür‹ liegt die schönste Bucht der Insel, vielleicht sogar des ganzen Archipels: die Ramla Bay.

Ggantija-Tempel:
Am Ortseingang an der Hauptstraße nach Victoria, Tel. 55 31 94, Mo–Sa 8.30–16.15, So 8.30–15 Uhr.
Die auf 3800 v. Chr. (Baubeginn) datierte Tempelanlage ist die älteste Kultstätte des maltesischen Archipels. Sie besteht aus zwei nebeneinanderliegenden Tempeln, die von einer großen Megalithmauer umgeben sind. Im südlichen Tempel kann man neben Trankopferlöchern, Bankaltären, und Feuerstellen auch die sorgfältig gefügten Steine der Innenmauer bewundern. In diesem Teil der Kultstätte wurde auch die Steinplatte mit dem Schlangenrelief gefunden, die heute im Archäologischen Museum von Victoria (s. S. 42) aufbewahrt wird. Der nördliche Tempel ist leer. Die Altäre, die hier gestanden haben, sind während der Ausgrabungsarbeiten im 19. Jh. abhandengekommen.

Dorfkirche (ausgeschildert): Xaghra besitzt die prachtvollste aller gozitanischen Dorfkirchen. Das Innere ist mit feinstem italienischem Marmor ausgekleidet – das Geld

Gozo: Xaghra

dafür haben die Dorfbewohner gespendet.

Xerris Grotto und Ninus Cave: ab dem Dorfplatz ausgeschildert, vormittags und nachmittags geöffnet.

Beim Bau von Zisternen entdeckte man unter zwei Wohnhäusern Ende des vorigen Jahrhunderts Tropfsteinhöhlen, die man heute besichtigen kann.

Ta Kola Windmühle: Östlich der Kirche, Tel. 56 10 71, Winter: Mo–Fr 8.30–16.30, So 8.30–15 Uhr, Sommer: Mo–Sa 8.30–17, So 8.30–15 Uhr.

Im Auftrag des Großmeisters Manoel de Vilhena im 18. Jh. errichtet, beherbergt die Mühle – inzwischen liebevoll restauriert – ein kleines Museum, das anschaulich zeigt, wie die Müllerfamilien früher lebten.

Museum of Toys: 10 Gnien Xibla Street, Tel. 56 24 89, April/Mai Do, Fr, Sa 10–13 Uhr, Juni–Mitte Oktober Mo–Sa 10–12, 15–18 Uhr, Winter nur Sa 10–13 Uhr.

Das an der Straße zur Ramla Bay gelegene Museum entzückt Jung und Alt mit seiner hübschen kleinen Sammlung von alten Puppen und anderem Spielzeug.

Ramla Bay: Von Xaghra fährt die man noch ca. 2 km hinunter zur dieser schönsten Bucht Gozos. Feiner Sand, glasklares Wasser! – müßig zu erwähnen, daß es hier im Sommer voll wird. Man kann Sonnenschirme und Liegen leihen und sich in Snackbars stärken (im Sommer hält Bus Nr. 42 aus Victoria am Strand).

Calypso's Cave (D 2): Oberhalb der Ramla Bay liegt die Höhle der Kalypso, in der – so die Legende – Odysseus von der liebeshungrigen Nymphe Kalypso sieben Jahre lang festgehalten wurde. Der Ausflug lohnt sich allein schon wegen des herrlichen Blicks, den man dort oben hat. Hinter der schmucken Sommervilla unterhalb der Aussichtsplattform führt ein steiler Pfad zur Ramla Bay hinunter.

Cornucopia: 10 Gnien Imrik Street, Tel. 55 64 86, Fax 55 29 10, teuer.

Wunderschönes, zum Teil in einem alten Landhaus untergebrachtes Hotel. Im begrünten Innenhof kann man sich gleich an zwei Swimmingpools erholen. Von einigen Zimmern hat man einen phantastischen Blick. Im Sommer wird einmal in der Woche ein romantischer Grillabend bei Kerzenlicht veranstaltet – auch Nicht-Gäste sind willkommen.

Oleander: Victory Square 10, Tel. 55 72 30, tgl. außer Mo 12–14.30, 19–22 Uhr.

Sehr empfehlenswertes, einfaches Restaurant, das sich auch bei Einheimischen größter Beliebtheit erfreut – immer ein gutes Zeichen! An schlichten Holztischen genießt man z. B. Kaninchen oder Fisch.

Schräg gegenüber vom Spielzeugmuseum liegt die **Bäckerei Tal-Furnar**, wo in dem einzigen noch verbliebenen Steinofen des Archipels leckeres, knuspriges Bauernbrot gebacken wird.

Das Dorffest wird am 8. September gefeiert.

Busse: Mehrmals täglich pendeln die Busse Nr. 64 und 65 zwischen Xaghra und Victoria hin und her.

Orte von A bis Z

Gozo: Xlendi

Xlendi (Gozo)

Lage: B 3

Während die Einwohner des kleinen Ortes früher vor allem vom Fischfang lebten, stellt heute der Tourismus ihre Haupteinkunftsquelle dar. Kein Wunder: Xlendis Lage in einer schmalen, von steilen Felswänden begrenzten Bucht ist einzigartig. An der kleinen, am Wasser entlangführenden Promenade kann man unter Sonnenschirmen wunderbar relaxen. Leider machen sich in Xlendi aber auch die Schattenseiten unkontrollierter Bauwut bemerkbar: Einige Apartmenthäuser gammeln halbfertig vor sich hin.

Von der Promenade an der **Xlendi-Bucht** gelangt man über Leitern ins glasklare Wasser.

Vorbei am Wachturm, der sich am südlichen Ende der Bucht erhebt, führen Pfade durch die Felder in Richtung der Steilklippen von **Ta'Cenc** (s. S. 41).

Tauchschule St. Andrew's Diver Cove: Xlendi-Bucht, Tel. 55 13 01, Fax 56 15 48.
Neben Tauchgängen für erfahrene Taucher auch Tauchunterricht für Anfänger.
Xlendi Pleasure Cruises:
Tel. 56 25 48, bietet verschiedene Wassersportarten und Ausflüge an.

Guesthouse San Antonio: Tel. 56 35 55, Fax 55 55 87, günstig bis moderat.
Hübsches Guesthouse mit hellen Zimmern hoch über der Bucht von Xlendi.
Serena Hotel: Upper St. Simon Street, Tel. 55 37 19, Fax 55 74 52, moderat.
Hoch über der Bucht von Xlendi gelegen mit 70er-Jahre-Charme. Man kann zwischen Selbstversorgung und Halb- bzw. Vollpension wählen. Neben einer Sonnenterrasse (herrlicher Blick!) und einem kleinen Swimmingpool steht auch ein Laden zur Verfügung.
St. Patrick's Hotel: Tel. 56 29 51, Fax 55 65 98, teuer.
Kleines, freundlich eingerichtetes Hotel an der quirligen Promenade. Von einigen Zimmern und der Dachterrasse bietet sich ein phantastischer Blick über die Bucht. Die Zimmer zum überdachten Innenhof hin sind allerdings etwas stickig.
In Xlendi gibt es zahlreiche **Apartmenthäuser.** Die komplett ausgestatteten Wohnungen kann man über Reiseveranstalter oder über Agenturen mieten, z. B.:
Ulysses Tourist Service:
Tel. 55 16 16, Fax 55 46 06.

Churchill: Tel. 55 56 14, tgl. 10 bis ca. 22 Uhr.

Vom Auto noch nicht ganz verdrängt: Maulesel auf Gozo

Gozo: Xlendi

Orte von A bis Z

Kleines Restaurant in einer ehemaligen Fischerhütte im Süden der Bucht. An Tischen direkt am Wasser genießt man leckere Pizza, Fisch- und Fleischgerichte.

Il-Terrazzo: St. Simon Street, Tel. 56 29 92, tgl. außer Mo 12–14, 18.30–24 Uhr.

Über der Bucht gelegenes Restaurant mit stilvollem Ambiente, gehobene Preise. Gute, italienisch beeinflußte Küche, die auch bei den Einheimischen ankommt.

Moby Dick: Tel. 56 15 18, tgl. ab 9.30 Uhr (geschlossen wird, wenn der letzte Gast gegangen ist).

Pizza & Pasta-Restaurant an der Promenade mit Außengastronomie; besonders bei jungen Leuten beliebt.

Stone Crab: Tel. 55 64 00, tgl. von 12–24 Uhr.

Hübsches kleines Restaurant im Süden der Bucht, direkt am Wasser. Die Speisen – von Pizza und Pasta über Fleisch bis hin zu Fisch – sind durch die Bank empfehlenswert. Etwas teuer.

It-Tmun: 3 Mount Carmel Street, Tel. 55 15 71, tgl. außer Di 12–14, 18.30–22 Uhr.

Etwas abseits der Uferpromenade gelegenes kleines, rustikales Restaurant, das mit einer soliden Küche aufwartet. Besonders zu empfehlen sind die Fischgerichte.

Paradise Bar: Mount Carmel Street, Tel. 55 68 78, tgl. außer Mo 12–14, 19–22 Uhr.

Ausgesprochen einfaches Restaurant; Elvis-Fans werden sich hier im siebten Himmel fühlen: Die Wände sind über und über mit Erinnerungsstücken an den King of Rock'n' Roll dekoriert. Wer dem Sänger nichts abgewinnen kann, sollte sich aber nicht abschrecken lassen. Die Fischgerichte – allen voran die Calamari – sind ausgezeichnet.

Das Nachtleben von Gozo konzentriert sich an einem Ort, der aber hat es in sich: **La Grotta** (an der Straße von Victoria nach Xlendi) ist eine Disco der Superlative: Geschickt auf mehreren Ebenen über dem Tal von Xlendi angelegt, teils im Freien, teils in einer Felsengrotte, mit verschiedenen Tanzflächen und Bars sowie einer Pizzeria bietet die Anlage Platz für 3000 Leute (Juni bis Oktober ab 21 Uhr, Eintritt 1 Lm). Wer es ruhiger mag, ist nebenan im **Paradiso** – Bar und Nachtclub in einem – gut aufgehoben.

Bus Nr. 87 von/nach Victoria (4 x tgl., So 3 x).

Marsaskala

Lage: O/P 10
Einwohner: 3000

Am Ende der gleichnamigen schmalen Bucht gelegen, hat sich das kleine Dorf Marsaskala zu einer ansehnlichen Gemeinde gemausert, die sich immer weiter ausdehnt, wie Neubaugebiete an der St. Thomas Bay belegen. Auf Hochhausbauten hat man zum Glück verzichtet. Schon seit langem lebt der Ort in erster Linie vom Tourismus, dennoch geht es hier noch beschaulicher zu als in anderen Ferienzentren der Insel. Am schönsten ist's an der Uferstraße, wo kleine Cafés und Restaurants zum Verweilen einladen. Von dort bietet sich ein hübscher Blick über die Bucht, in der bunte Fischerboote vor Anker liegen – tatsächlich hat der Fischfang in Marsaskala noch Gewicht. Kein Wunder, daß die Malteser besonders wegen der Fischrestaurants nach Marsaskala pilgern.

Orte von A bis Z # Marsaskala

🏊 In der **Marsaskala Bay** kann man nur über Felsplateaus ins Wasser steigen. Gleiches gilt für die nahe **St. Thomas Bay**, wo man auch ein Lido (Snacks, Getränke) findet.

🤿 Tauchkurse bietet **Sport Diving**, Il-Qalit Street, Tel. 63 94 18, Fax 66 26 47 (im Winter geschlossen), Büro auch im Hotel Jerma Palace, Tel. 63 92 92.

🚶 Entlang der Küste läßt es sich herrlich wandern – gen Norden zum Zonqor Point mit dem Nationalen Wasserball-Stadion, nach Süden z. B. zum **Peter's Pool** auf der Delimara-Halbinsel (ca. 8 km), einer der schönsten Felsbuchten Maltas (s. S. 52).

Zabbar (N 9): Die Ortschaft zwischen Valletta und Marsaskala (ca. 2,5 km, Bus Nr. 19 und 22) nennt mit der Kirche Our Lady of all Graces ein prachtvolles Gotteshaus ihr eigen. Im kleinen Sanctuary Museum sind verschiedene Stücke aus der Zeit der Johanniter zu sehen (So 9–12 Uhr, sonst nach Anmeldung, Tel. 82 43 83).

🏨 **Etvan Hotel:** Il-Bahhara, Tel. 63 32 65, Fax 68 43 30, günstig.
Kleines Hotel mit einfachen, sauberen Zimmern. Von den Balkonen einiger Zimmer bietet sich ein schöner Blick auf die Marsaskala Bay. Swimmingpool mit Meerwasser sowie eine großzügige Sonnenterrasse auf dem Dach.

Alison's: Vajrita Street, Tel. 63 98 14, Fax 68 75 93, günstig.
Zentral gelegene Unterkunft, die von einer sehr zuvorkommenden Familie geleitet wird. Abends kann man maltesische Hausmannskost genießen.

Peter's Pool

Piccolo Mondo: Il-Qalit Street, Tel. 63 97 09, günstig.
Einfaches, sauberes *guesthouse* für Reisende mit schmalem Geldbeutel.

Ramla Lodge: St. Thomas Bay, Tel. 68 75 96, Fax 68 41 95, günstig.
Etwas außerhalb von Marsaskala an der St. Thomas Bay gelegenes Hotel mit Swimmingpool und hübscher Gartenanlage.

Jerma Palace Hotel:
It-Torri Street, Tel. 63 32 22, Fax 63 94 85, teuer.
Das Anfang der 80er Jahre errichtete 4-Sterne-Hotel ist das erste Haus am Platze. Dank der geschickten Anlage des Hotels bieten fast alle der 350 Zimmer Meerblick. Sportlich Aktive kommen ganz auf ihre Kosten: In den Sommermonaten werden Tauchen, Windsurfen und Wasserski angeboten, zudem kann man Motor-, Tret- und Paddelboote mieten.

🍴 **Sottovoce** (früher Christopher's): 29 Marina Street,

Marsaskala

Tel. 63 26 69, Mo–Fr 12–14, 19–22, Sa und So nur 19–22, im Winter So nur 12–14 Uhr.
Kleines Restaurant, das durch ausgezeichnete Speisen und rustikale Gemütlichkeit besticht. Die innovative Küche hebt sich wohltuend vom üblichen Pizza-Pasta-Einerlei ab.
La Buona Pasta: Marina Street, Tel. 68 40 50, Mo–So 12–14.30, 18–23 Uhr, Mo abends geschlossen.
In dem kleinen Familien-Restaurant an der Uferpromande sind Nudelfans an der richtigen Stelle – köstliche hausgemachte Pasta wird mit den vielfältigsten Saucen serviert.
Il Re del Pesce: Id-Dahla ta San Tumas Street, Tel. 61 63 53, tgl. 12–14.30, 19.30–22.30 Uhr
Natürlich dreht sich hier alles um Fisch – fast alles, denn es gibt auch leckere Pastagerichte. Am Wochenende geht's hoch her; Reservierung erforderlich.
Fishermen's Rest: St. Thomas Bay, Tel. 63 20 49, Di–Fr und So 12–15, Fr und Sa auch 19–23 Uhr, Mo geschlossen.
Einfaches, rustikales Fischrestaurant, zwischen Fischerhütten in der St. Thomas Bay gelegen. Probieren Sie Tintenfisch mit Knoblauch!

Reeds und **X Generation:** Zwei Discos an der Straße in Richtung St. Thomas Bay; beide bieten wenig Spektakuläres, sind aber ein guter Treffpunkt der Nachtschwärmer unter den Urlaubern. In der Nähe gibt's auch ein **Kino:** Sun City Cine Palais, Tel. 63 28 58.

Festa: Am 26. Juli oder am Sonntag danach feiert Marsaskala das Fest der Dorfheiligen St. Anne.

Busse Nr. 19 und 20 von/nach Valletta, Nr. 22 von/nach Cospicua.

Marsaxlokk

Lage: N/O 11
Einwohner: 3000
Extra-Tour 1: s. S. 85

Eine Bucht, in deren türkisfarbenem Wasser eine Armada bunter Fischerboote dümpelt, dahinter eine Reihe honigfarbener Häuser, die nur von der Doppelturmfassade der Pfarrkirche überragt wird – nicht ohne Grund gilt Marsaxlokk als das malerischste Fischerdorf Maltas. Auch der rot-weiße Schlot des Kraftwerks auf der Delimara-Halbinsel im Norden und der am Horizont sichtbare Containerhafen von Birzebugga tun der Idylle keinen Abbruch. So viel Attraktivität hat sich natürlich herumgesprochen: Besonders um die Mittagszeit brummt es vor Tagesausflüglern, die die hervorragenden Fischrestaurants stürmen.

Per Pedes erreicht man in ca. 30 Min. den **Peter's Pool**, eine kleine Felsenbucht mit glasklarem Wasser – ideal für ein erfrischendes Bad.

Zejtun (N 10): Der Ort zwischen Marsaxlokk und Valletta (3 km nordwestlich, Bus Nr. 27) ist eines der ältesten Dörfer der Insel. Schon die Römer betrieben hier Landwirtschaft. Wie der Ortsname vermuten läßt – Zejtun heißt soviel wie ›wo Öl ist‹ – spielte der Olivenanbau damals eine wichtige Rolle. Zejtun wurde immer wieder von Piraten heimgesucht. Das hatte Auswirkungen auf den Baustil: Trutzig wirken die älteren Häu-

Orte von A bis Z # Marsaxlokk

Der Stoff, aus dem die Träume sind? – Markttag in Marsaxlokk

ser und die kleine Kirche San Grigor am Ortsrand Richtung Marsaskala. Ungewöhnlich für die barockverliebte Insel ist das Renaissanceportal der Kirche. Die Pfarrkirche St. Catarina entwarf der maltesische Baumeister Lorenzo Gafà.

Golden Sun: Il-Kajjik Street, Tel. 65 17 62, Fax 68 11 33, günstig.
Am Weg nach Delimara liegt das zweckmäßig eingerichtete Aparthotel, das 14 Apartments für Selbstversorger, aber auch Zimmer mit Frühstück/Halbpension bietet.

Ir-Rizzu: 89 Is-Sajjieda Street, Tel. 65 15 69, tgl. 12–14.30, 18.30–22 Uhr. Einfaches, populäres Fischrestaurant an der Uferpromenade. Etwas Geduld sollte man zu Stoßzeiten mitbringen, dafür kommt alles frisch zubereitet auf den Tisch.
Ix-Xlukkajr: Is-Sajjieda Street (schräg gegenüber der Dorfkirche), Tel. 61 21 09, tgl. 12–14.30, 18.30–22.30 Uhr.
Neben Fisch wird hier u. a. auch typisch Maltesisches wie gebratenes Kaninchen in Knoblauch serviert. Nettes schlichtes Ambiente.
Pisces: 49 Is-Sajjieda Street, Tel. 68 49 56, tgl. außer Mi 12–15, 18.30–22 Uhr (telefonisch bestätigen lassen). Freundlich eingerichtetes Restaurant neben der Polizeiwache, das sich – wie könnte es anders sein – auf Fisch spezialisiert hat.

Ganz auf die Wünsche der Urlauber hat man sich auf dem kleinen Markt an der Uferpromenade eingestellt, wo vor allem **Klöppelarbeiten** feilgeboten werden. Wem's zu touristisch ist, der sollte an einem Sonntagvormittag wiederkommen, wenn der **Fisch- und Gemüsemarkt** viel Lokalkolorit verspricht.

Festa: Our Lady of Pompei am zweiten Sonntag im Juli.

Busse Nr. 27 von/nach Valletta, 427 nach Buggiba.

Mdina

Orte von A bis Z

In Mdina: die Fontanella Tea Gardens auf den Bastionen

Mdina

Lage: J 9
Einwohner: 400

Die Lage der einstigen Hauptstadt könnte beeindruckender nicht sein: Genau an der Abbruchkante des Dingli-Plateaus thront Mdina weithin sichtbar im Zentrum Maltas. In den schmalen Gassen mit prächtigen Adelshäusern, imposanten Kirchen und schmucken Häusern scheint die Zeit stehengeblieben zu sein. Besonders reizvoll ist ein Besuch am späten Nachmittag, wenn man das Städtchen fast für sich hat und Mdina ihrem Beinamen ›die Stille‹ ganz und gar gerecht wird.

Main Gate: An diesem Tor bekamen die Großmeister des Johanniterordens die Schlüssel der Stadt von den ortsansässigen Adeligen überreicht – allerdings erst, nachdem sie gelobt hatten, deren Privilegien zu respektieren.
Palazzo Vilhena, ein riesiger Barockpalast, der nach dem großen Erdbeben von 1693 als Großmeisterresidenz entstand. Heute ist hier ein Naturkunde-Museum und die Mdina Dungeons Show zum mittelalterlichen Gefängniswesen untergebracht. Der linke rückwärtige Flügel beherbergte den…
Corte Capitanale, das Gericht. Auf der kleinen Loggia zur Stadtmauer wurden die Proklamationen der Università, der maltesischen Adelsregierung, verlesen. Hält man sich am Palast links, kommt man zur…
Casa Inguanez, die im Besitz der ältesten maltesischen Adelsfamilie war und im Lauf der Geschichte eine Reihe von Königen während ihres Malta-Besuchs beherbergte. Bald hat man den St. Paul's Square erreicht, der von der prächtigen…
St. Peter und Paul's-Kathedrale (Mo–Sa 9.30–11.45, 14–17 Uhr, So 15–16.30 Uhr) dominiert wird. Der Vorgängerbau wurde 1693 durch das Erdbeben zerstört. Von der alten Kirche sind noch der Chor und eine mächtige Tür aus irischer Mooreiche erhalten geblieben, die vermutlich von den normannischen Eroberern nach Malta mitgebracht worden war.
Palazzo Santa Sophia (Villegaignon Street), dessen Untergeschoß das Erdbeben von 1693 ohne Zerstörungen überstanden hat. Das Obergeschoß mit den im sizilianisch-normannischen Stil gehaltenen Fenstern wurde erst 1929 hinzugefügt.

Orte von A bis Z **Mdina**

Norman House (Palazzo Falzon): Fenster, Bögen und Zickzackfries des Ende des 15. Jh. errichteten Gebäudes sind schöne Beispiele für den sizilianisch-normannischen Baustil (Tgl. 10–13, 16–17.30 Uhr).

The Mdina Experience:
7 Mesquita Square, Tel. 45 43 22, Mo–Fr 11–16.30, Sa 11–16 Uhr.
Multivisionsspektakel für alle, die Mdinas Geschichte im Schnelldurchlauf erleben möchten.

Medieval Times: Palazzo Notabile, Villegaignon Street, Tel. 45 46 25, Mo–Sa 9.30–21.30, So 9.30–20 Uhr.
In dem Palast aus dem 17. Jh. wird das Mittelalter mit lebensgroßen Puppen nachgestellt.

The Knights of Malta: Magazine Street, Tel. 45 13 42, Mo–Fr 10.30–16, Sa 10.30–15 Uhr.
Neueste Errungenschaft im Reigen der Multimediashows – hier dreht sich alles um den Ritterorden.

Cathedral Museum:
Bishop Square, Mo–Sa 9–13, 13.30–16.30 Uhr.
Wertvollster Besitz sind einige Kupferstiche, Holzschnitte und Drucke von Albrecht Dürer.

Xara Palace Hotel:
Tel. 45 05 60, Fax 45 26 12, Luxus.
In traumhafter Lage hoch auf den Bastionen gelegenes 5-Sterne-Hotel in einem alten Adelspalast, das jeden Stern verdient. Mit individuell eingerichteten, stilvollen Zimmern und sagenhaftem Ausblick.

Bacchus: Iguanez Street, Tel. 45 49 81, tgl. 12–15 Uhr, 18–23 Uhr.
Ausgezeichnetes Restaurant mit einer vielfältigen Speisekarte, untergebracht in einem historischen Kellergewölbe. Besonders schön sind laue Sommernächte im romantischen Innenhof.

Ciappetti: St. Agatha's Esplanade, Tel. 45 99 87, tgl. 10–18 Uhr.
Entzückendes Restaurant abseits des Bastion Square. Schwer zu sagen, wo man hübscher sitzt: in den beiden Innenhöfen mit den plätschernden Brunnen, im rustikal-gemütlichen Restaurant oder hoch auf den Bastionen mit sensationellem Ausblick. Egal, überall schmeckt es gleich gut: Salatplatten, üppig belegte Brötchen und hausgemachte Kuchen…

Fontanella Tea Gardens:
1 Bastion Street, Tel. 45 42 64, im Winter tgl. 10–18, im Sommer tgl. 10–23 Uhr.
Die Plätze oben auf den Bastionen sind heiß begehrt. Wen wundert's, der Blick ist wirklich toll. Letzteres gilt uneingeschränkt auch für den hausgemachten Kuchen.

Palazzo Notabile: Villegaignon Street, Tel. 45 02 24, Mo–Sa 9.30–17 Uhr.
Restaurant mit hübschem Innenhof in einem alten Adelspalast.

Stazzjon: Mtarfa Road, Tel. 45 17 17, im Sommer Di–So 18.30–22, sonst nur So 12–15, 18.30–22 Uhr.
Originelles Restaurant in einem ehemaligen Bahnhof.

Souvenirs bieten Touristenshops entlang der Villegaignon Street und am Bastion Square an: Glaswaren, Klöppeldecken, Messingtürklopfer…

Festa: Am letzten Sonntag im Januar feiert Mdina die Bekehrung des hl. Paulus.

Busse: Richtung Valletta Nr. 80 und 81, Richtung Bugibba Nr. 86 und Richtung Sliema und St. Julians Nr. 65.

Mellieha

Lage: G/H 6
Einwohner: 7000

Die strategisch günstige Lage des Ortes auf dem höchsten Punkt des gleichnamigen Bergrückens konnte nicht verhindern, daß Mellieha in früheren Jahrhunderten immer wieder zur Zielscheibe bei Piratenüberfällen wurde. Die Nähe zu den schönsten Stränden macht Mellieha heute zu einem beliebten Ferienort, in dessen Zentrum sich der Charme vergangener Zeiten erhalten hat. An den Rändern freilich sind in den letzten Jahren viele Apartment- und Hotelbauten entstanden.

Stolz thront die neobarocke Pfarrkirche **St. Marija,** die erst vor rund 50 Jahren fertiggestellt wurde, weithin sichtbar über dem Ort. Unterhalb der Kirche liegt das bedeutendste Wallfahrtsziel Maltas. In einer kleinen **Höhlenkirche** wird ein Madonnenbild aus dem frühen Mittelalter verehrt. Schon in der Zeit vor den Johannitern pilgerten die Menschen hierher.

Mellieha Bay: Die Bucht unterhalb des Orts gilt als einer der schönsten Strände Maltas. Wegen des flachen Wassers ist er für Kinder ideal. Restaurants und Snackbuden sorgen für das leibliche Wohl. Sonnenschirme und Liegen werden gegen Gebühr verliehen. Schade nur, daß die verkehrsreiche Straße nach Cirkewwa unmittelbar hinter dem Strand verläuft. Auch an den Stränden von **Ghajn Tuffieha** (4 km) und am **Marfa Ridge** (4,5 km) ist man schnell. In den Sommermonaten erreicht man mit Bus Nr. 50 den Strand in der **Armier Bay** (ca. 4,5 km nördlich).

Wassersport an der Mellieha Bay z. B. bei **Costa del Sol Watersports,** am Strand Richtung Cirkewwa, Tel. 57 31 35.
Tauchschule Aqua Venture: am Mellieha Bay Hotel, Tel. 52 21 41, Fax 52 10 53, Büro auch in der Gorg Borg Olivier Street 58, Mellieha, Tel. 52 23 56.
Ghadira Riding School, Mellieha Bay, Tel. 57 39 31.
Für Reiter und solche, die es werden möchten.
Ramla Bay: (4,5 km nördlich) mit dem gleichnamigen Hotelkomplex, Tel. 52 21 81, Fax 57 59 31. Verschiedene Wassersportarten, u. a. Windsurfen.
Wandern: z. B. auf dem Gozo zugewandten Höhenzug des Marfa Ridge (ca. 3 km nördlich).

Vogelreservat Ghadira: Direkt an der Mellieha Bay, Bus Nr. 44, 45, 452, im Sommer auch Nr. 50), außer im Sommer Führungen So, Sa 9–12.30 und 14–16 Uhr. Information auch bei Birdlife Malta, 7–11 Santa Lucija Street, Valletta, Tel. 23 06 84.
In dem von Freiwilligen betreuten Sumpfgebiet kann man im Frühjahr und Herbst Vögel beobachten, die auf dem Weg von und nach Afrika auf Malta Zwischenstation machen.
Popeye Village: (3 km westlich), Tel. 57 24 30, 1.4.–3.9. 9–19 Uhr, Do–So auch bis 24 Uhr,
1.10.–31.3. 9–17 Uhr.
Ende der 70er Jahre entstand in der hübschen Anchor Bay ein Filmdorf, in dem der Comic ›Popeye‹ verfilmt wurde. Geblieben sind die Kulissen, an denen kleine und große Comicfans ihre helle Freude haben werden.

Orte von A bis Z # Mellieha

Splendid Guesthouse: Il-Kappillan Magri Street, Tel. 52 36 02, günstig.
Das liebevoll-kitschig eingerichtete *guesthouse* in einer stillen Seitenstraße wendet sich an alle, die den persönlichen ›Touch‹ nicht missen möchten.

Hotel Panorama: New Street (Seitenstraße der Valley Road), Tel. 57 35 11, Fax 57 39 76, moderat.
Das etwas versteckt und daher sehr ruhig liegende Hotel macht seinem Namen alle Ehre: Der Blick reicht über die Mellieha Bay bis nach Comino und nach Gozo.

La Salita Hotel: Main Street, Tel. 52 09 23, Fax 52 09 30, teuer.
Ein Swimmingpool, eine Sonnenterrasse mit herrlichem Ausblick und eine – allerdings etwas steril wirkende – Piano Bar gehören zu den Angeboten dieses 4-Sterne-Hotels mit 75 Zimmern.

Selmun Palace: Selmun, Tel. 52 10 40, Fax 52 11 59, teuer.
Etwas außerhalb von Mellieha gelegen. Die Besonderheit: die luxuriösen Turmsuiten im alten Sommerschloß des Johanniterordens. Wenn man seinen Urlaub nicht ausschließlich an der großzügig gestalteten Poolanlage verbringen möchte, ist es ratsam, ein Auto zu mieten. In der Nähe des Hotels führt ein Weg zur einsamen Mgiebah Bucht.

Seabank Hotel: Marfa Road, Tel. 52 14 60, Fax 52 16 35, teuer.
4-Sterne-Hotel in der Mellieha Bay, direkt am Strand. Die verkehrsreiche Marfa Road sei an dieser Stelle nochmals erwähnt...

The Arches: 113 Main Street, Tel. 52 34 60, tgl. außer So 19–22 Uhr.
Vielen Maltesern gilt dieses Restaurant als das beste der ganzen Insel. In dezent-vornehmer Atmosphäre genießt man hervorragendes Essen – von Pasta über Fisch- und Fleischgerichte bis hin

Mekka der Comic-Fans: Popeye Village

zu Vegetarischem. Auf Wunsch werden auch maltesische Gerichte zubereitet!

Giuseppe's: Main Street/ Santa Liena Street, Tel. 57 48 82, Di–Sa ab 19.30 Uhr.

Das rustikale Restaurant mit häufig wechselnder Speisekarte verdient wegen seiner phantasievollen und guten Küche besondere Erwähnung. Die besten Plätze bietet das Untergeschoß.

Il-Mithna: Main Road, Tel. 52 04 04, Mo–So 18.30–22.30 Uhr, Mi geschlossen (telefonisch bestätigen lassen).

›Mithna‹ ist das maltesische Wort für Windmühle. Tatsächlich ist das gemütliche Restaurant in einer historischen Windmühle untergebracht. Die Veranda bietet die Möglichkeit *al fresco* zu speisen, leider ist es dort wegen des Verkehrs sehr laut. Die Speisekarte dominieren Fischgerichte (inklusive Hummer).

Ix-Xatba: Marfa Road, Tel. 52 17 53, tgl. 18–22.30 Uhr, im Winter Di geschlossen.

Das rustikale Restaurant liegt am Fuß des Mellieha-Berges kurz vor der Mellieha Bay. Es zeichnet sich durch leckere maltesische Gerichte (z. B. Kaninchen-Eintopf) aus. Aber auch die frischen Fischgerichte sind nicht zu verachten.

An der Marfa Road, schräg gegenüber vom Seabanks Hotel öffnet der Disco-Club **Waves 2** während der Sommermonate seine Tore für Nachtschwärmer.

Festa: Am 8. September wird die Geburt der Jungfrau Maria gefeiert.

Busse Nr. 43, 44, 45, 452 von/nach Valletta; mit Bus Nr. 45, 48 und 452 über Mellieha Bay zum Fähranleger Cirkewwa. Nr. 48 fährt auch nach Bugibba/Qawra. Bus Nr. 441 als Shuttle Service nach Popeye Village. Nr. 49, 452 (morgens) nach Mosta.

Mosta

Lage: J/K 8
Einwohner: 12 500

Wahrzeichen und Hauptattraktion des belebten Städtchens ist die gigantische Kuppel der St. Marija Assunta-Kirche, die sich weithin sichtbar über dem Häusermeer erhebt. Es handle sich um die drittgrößte Kuppel der Welt, versichern jedenfalls die Einwohner.

St. Marija Assunta: Bei dem Kirchenbau aus dem 19. Jh. (tgl. 9–12, 16–17 Uhr) stand das Pantheon in Rom Pate. Die 60 m hohe Kuppel mit einem Durchmesser von 52 m überspannt einen von Blau, Weiß und Gold dominierten Kirchenraum. Kaum zu glauben, daß sich dieser Bau nur den Spenden und freiwilligen Arbeitseinsätzen der Bewohner von Mosta verdankt. Im Zweiten Weltkrieg fiel während eines Gottesdienstes eine Fliegerbombe in das Kircheninnere – zum Glück zündete sie nicht. In der Sakristei erinnert eine Replik der Bombe an dieses ›Wunder‹.

Victoria Lines: Richtung St. Paul's Bay fällt das zentrale Hügelland Maltas über die *Great Fault* zum flacheren Norden ab. An dieser Linie errichteten die Briten eine Reihe von Befestigungsanlagen. **Madliena Fort** (L 7, Führungen stdl. So 10–12 Uhr) und **Mosta Fort** (K 8, Mo–Fr 9.30–

Orte von A bis Z **Paola/Tarxien**

12.30 Uhr) kann man besichtigen.
Naxxar (K 8): In dem pittoresken Nachbarort (ca. 1,5 km, Bus Nr. 56 und 65) lohnt ein ganz besonderes Juwel den Besuch. Der **Palazzo Parisio** am Kirchplatz (Victory Square, Di, Do und Fr Führungen stdl. 9–13 Uhr, Tel. 41 24 61) ist ein prachtvoller Adelssitz mit antiken Möbeln, eingebettet in einen bezaubernden Garten.
Gharghur: (ca. 3 km nordöstlich, Bus Nr. 55) Das noch ganz traditionelle Dorf wartet mit einigen hübschen Kirchen auf. Besonders eindrucksvoll ist die Osterprozession.

Festa: Hoch her geht es am 15. August in **Mosta,** am 8. September in **Naxxar** und am 24. August (oder am Sonntag danach) in **Gharghur**.

Busse: Viele Verbindungen z. B. Nr. 56 von/nach Valletta bzw. nach Naxxar und Ghargur.

Paola/Tarxien

Lage: M/N 10

Ein Besuch der südöstlich von Valletta gelegenen, heute miteinander verschmolzenen Orte lohnt sich vor allem wegen ihrer archäologischen Ausgrabungsstätten, dem Tempel von Tarxien und dem Hypogäum von Hal Saflieni.

Tarxien-Tempel: an der Straße nach Zejtun (ausgeschildert), Tel. 69 55 78, im Winter Mo–Sa 8.30–16.30, So 8.30–15 Uhr, im Sommer tgl. 7.45–14 Uhr.
In Tarxien findet sich das besterhaltene Beispiel für die Megalithbaukunst auf Malta. In drei miteinander verbundenen Tempeln sind Repliken verschiedener Kultgegenstände, u. a. Altäre mit Spiralmustern, zu sehen. Besonders beeindruckend ist die Beinpartie einer Figur, die vermutlich eine (weibliche?) Gottheit darstellte. Im mittleren Tempel kann man auf einem Relief u. a. eine Sau erkennen, die ihre Ferkel säugt. In den im Boden eingelassenen Steinschalen brachte man Opfer dar. Im Osttempel markieren die Reste einer Treppe den Weg, auf dem die Priesterschaft in die heiligsten Räume des Zentraltempels gelangte (s. Extra-Tour 1, S. 85).
Hypogäum: Burial Street, z. Zt. geschlossen, Wiedereröffnung nach Redaktionsschluß.
Die in den Fels gegrabene, unterirdische Anlage zeigt architektonische Ähnlichkeiten mit den oberirdischen Tempelbauten. Auch bei dem von der UNESCO zum ›Weltkulturerbe‹ erklärten Hypogäum finden sich z. B. Trilitheingänge (Nachbildungen der sonst aus drei Steinen gefügten Tore) und Altarnischen. Anders als die Megalithtempel diente das auf mehreren Ebenen angelegte ›Höhlenlabyrinth‹, dessen älteste Teile vermutlich 3600 bis 3000 v. Chr. entstanden, einst als Begräbnisstätte: Archäologen bargen mehrere tausend Skelette! Die z. T. aufwendige Bemalung der Räume legt die Vermutung nahe, daß außerdem in einzelnen Kammern auch kultische Handlungen vollzogen wurden (s. Extra-Tour 1, S. 85).

Am östlichen Ortsausgang von Paola steht das **Hompesch-Gate,** ein Triumphbogen zu Ehren des letzten und zugleich einzigen deutschen Großmeisters, Ferdinand von Hompesch. Unter seiner Führung mußten die Johanniter Malta verlassen.

Qrendi

Orte von A bis Z

Festa: In **Paola** am vierten Sonntag im Juli, in **Tarxien** am fünften Sonntag nach Ostern.

Paola: Busse Nr. 1, 2, 3, 4, 6, 8, 11, 18, 19, 21, 27, 29 und 427.
Tarxien: Busse Nr. 8, 11, 27, 29 und 427.

Qrendi

Lage: L 11
Einwohner: 2500

Das hübsche Örtchen Qrendi mit seiner barocken Dorfkirche lohnt beim Besuch der Tempel von Mnajdra und Hagar Qim einen Abstecher. Rund um Qrendi trifft man immer wieder auf Steinbrüche, in denen der hellgelbe Globigerinenkalk abgebaut wird.

Hagar Qim: im Winter Mo–Sa 8.15–16.30, So 8.30–15.30 Uhr,
im Sommer tgl. 7.45–14 Uhr.
Die um 2800 v. Chr. entstandene Kultstätte besticht durch ihre aus riesigen Megalithblöcken exakt gefügte, symmetrische Fassade. Durch ein beeindruckendes Trilithtor aus zwei vertikalen Steinblöcken und einem horizontalen betritt man das Innere der Anlage: In den kleeblattförmigen Räumen sind Repliken verschiedener Altäre zu sehen. Besonders ins Auge fallen die blockartigen Altäre mit Punktdekor. Eine Tempelwand weist ein Loch auf, durch das der Priester wahrscheinlich der Tempelgemeinde in der angrenzenden Kammer seine Weissagungen übermittelte. Über neu angelegte Stufen betritt man einen höher gelegenen Raum, dessen Boden aus gemahlenem Globigerinenkalk noch gut erhalten ist. An diesen Raum schließen sich weitere Räume mit ovalem Grundriß und zum Teil gut erhaltenen Wänden an (s. Extra-Tour 1, S. 84).

Mnajdra-Tempel: Nur 500 m entfernt liegt ein weiterer Tempelkomplex, der ab ca. 3500 v. Chr. entstand. Er besteht aus zwei nebeneinanderliegenden kleeblattförmigen Anlagen. Auf der Ostseite sind stark restaurierte Bauspuren zu sehen, die ursprünglich wohl ein Priesterhaus bildeten. Besonders schön ist der Westtempel mit Trilithtor, einem Geheimgang (rechts im ersten Raum) und einer Altarnische mit dichtem Punktdekor aus zahllosen Bohrlöchern.

Festa: Das Patronatsfest von Qrendi wird am 15. August gefeiert.

Bus Nr. 38 von Valletta über **Zurrieq** (s. S. 81) nach **Hagar Qim** und zurück. Bus Nr. 138 über Qrendi, Hagar Qim und Zurrieq nach Valletta. Von Qrendi Bus Nr. 35 nach Valletta.

Rabat

Lage: H/J 9
Einwohner: 13 700

Das im Herzen Maltas gelegene Rabat wird oft in einem Atemzug mit Mdina, der altehrwürdigen ehemaligen Hauptstadt, genannt. Zur Zeit der Römer umschloß eine einzige Stadtmauer beide Siedlungen. Erst die Araber trennten die Orte wieder, und zwar aus strategischen Gründen – ein kleineres Gebiet ist leichter zu verteidigen. Heute präsentiert sich Rabat als quirliges Städtchen mit einigen interessanten Sehenswürdigkeiten.

Orte von A bis Z — **Rabat**

St. Paul's Church: Dieses Gotteshaus, mitten in der Stadt am Parish Square gelegen, wurde im 17. Jh. von Lorenzo Gafà errichtet. Bei Baubeginn stand an gleicher Stelle bereits eine kleine, dem ersten Bischof von Malta, Publius, gewidmete Kapelle, die in die neue Kirche integriert wurde. In der nach ihm benannten Grotte unterhalb der Kapelle soll Paulus während seines Aufenthaltes auf der Insel gefangen gehalten worden sein. Hier soll er auch den römischen Statthalter Publius zum Christentum bekehrt haben, bevor er ihn zum Bischof ernannte.

St. Paul's-Katakomben:
St. Agatha Street, im Winter Mo–Sa 8.15–17, So 8.15–16 Uhr, im Sommer tgl. 7.45–14 Uhr.
Die unterirdische Anlage birgt Gräber der frühen Christen: Bei den Loculigräbern, kleinen Wandvertiefungen, handelt es sich z. B. um Kindergräber. Die seltenen Satteldachgräber waren vermutlich höhergestellten Personen vorbehalten. Einzigartig, weil nur in maltesischen Katakomben anzutreffen, sind die Agape-Tische im Eingangsbereich der Katakombenanlage, an denen das Totenmahl abgehalten wurde.

St. Agatha-Katakomben:
St. Agatha Street, Mo–Fr 9–16.30, Sa 9–12.30 Uhr.
Diese zweite Katakombenanlage ist nur im Rahmen einer – sehr sachkundigen – Führung in englischer Sprache zu besichtigen. Beeindruckend sind besonders die farbigen Freskenmalereien. Angeschlossen ist ein kleines Museum mit Exponaten zu Geologie, Archäologie und Kirchengeschichte.

Römische Villa: Museum Esplanade, im Winter Mo– Sa 8.15–17, So 8.15–16.15 Uhr, im Sommer tgl. 7.45–13.30 Uhr.
Das im 19. Jh. freigelegte, in seinen Fundamenten erhaltene römische Stadthaus beherbergt heute ein Museum, das die Geschichte der Römer auf Malta erzählt. Besonders sehenswert sind die Mosaiken im Erdgeschoß mit figürlichen wie auch rein geometrischen Motiven. Im Eingangsbereich sind Alltagsgegenstände – von Haarnadeln über Schreibgeräte bis hin zu Tontöpfen ausgestellt.

Clapham Junction (H 11): Südlich von Rabat (ca. 4 km, Bus Nr. 81 bis Buskett Gardens, 500 m zu Fuß) befindet sich ein ausgedehntes Steinplateau, das von mysteriösen bronzezeitlichen Rillenspuren durchfurcht ist. Bis heute rätseln Archäologen, was es mit den markanten Linien auf sich hat. Wurden die Spuren mit einer

---

Snacks im Kuckucksnest

Quält der ›kleine Hunger zwischendurch‹, lohnt es sich, in der Cuckoo´s Nest Tavern vorbeizuschauen. Ein Tip für alle, die sich in kleinen, urigen Kneipen abseits des Touristenrummels wohlfühlen. Der nette Wirt Roger serviert seine maltesischen Lieblingsspeisen – Kaninchen, Timpana, Gulasch… – aber auch andere Kleinigkeiten: Cuckoo´s Nest Tavern, 9 St. Paul´s Street, Tel. 45 59 46, tgl. 11.30–22 Uhr.

Rabat

Orte von A bis Z

Art Karre befahren, oder waren sie Teil einer Bewässerungsanlage?

Dingli Cliffs: Von Rabat aus führt eine schöne Wanderung zu den höchsten Klippen Maltas (s. Extra-Tour 4, S. 90 f.).

Ta'Qali Crafts Centre: In den ehemaligen Hangars der britischen Streitkräfte zwischen Rabat und Mosta (Bus Nr. 65) haben sich verschiedene Handwerksbetriebe niedergelassen. Die Produkte kann man vor Ort erwerben.

Mdina Glass: Ta'Qali Crafts Village, Tel. 41 57 86, Mo–Fr 8–16.30, Sa 8–13 Uhr.
Man kann den Glasbläsern über die Schulter schauen und ihre farbenfrohen Produkte erwerben.

Aviation Museums: Hut 161, Ta'Qali Crafts Village, Tel. 41 60 95, tgl. außer an Feiertagen 10–17 Uhr.
Wer sich für die Geschichte der Luftfahrt erwärmen kann, sollte auf jeden Fall hingehen!

Tief Luft holen... dann wird's ein Kunstwerk

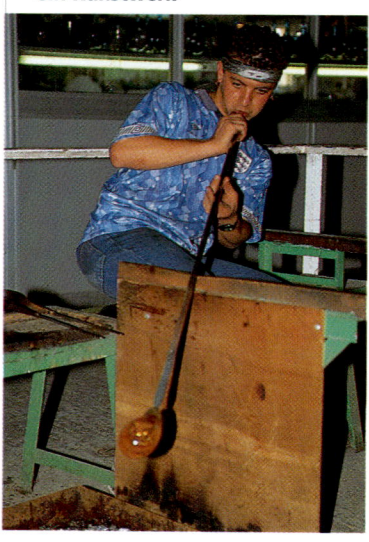

Dinosaurs Exhibition: Hut 39, Ta'Qali, Tel. 41 67 20, im Winter tgl. 11–15.30, im Sommer Mo–Sa 10–17 Uhr.
Voll auf der ›Dino-Welle‹, nur für Kinder interessant.

Point de Vue: 3/7 Saqqaja, Tel. 45 41 17, günstig.
Zentral am Busplatz zwischen Rabat und Mdina gelegenes Restaurant mit Guesthouse: einfache Zimmer mit Dusche und WC.

Medina Hotel: 106 Labour Avenue, Tel. 45 32 30, Fax 45 09 52, moderat.
Zweckmäßig eingerichtet, besticht aber nicht eben durch Gemütlichkeit. Die größere Entfernung zum Meer wird durch zwei Pools wettgemacht. Schräg gegenüber befindet sich der **Nigret Night Club**, wo in der Hauptsaison Gäste am Wochenende mit Tanzaufführungen unterhalten werden.

Cosmana Navarra: St. Paul's Street, Tel. 45 06 38, Mo–Sa 9–22 Uhr.
So geschlossen.
Nettes Restaurant im Zentrum von Rabat, das Snacks, Pizza und Pasta serviert.

Crystal Palace Bar: St. Paul's Street in Richtung römische Villa. *Die* Anlaufstelle für Pastizzi-Fans.

Cuckoo's Nest Tavern: s. S. 61

Glas, Schmuck und Strickwaren kauft man zwischen St. Paul's Square und St. Paul's-Katakomben.

Festa: Am ersten Sonntag im Juli lassen die Einwohner von Rabat ihren Schutzheiligen St. Paul ›hochleben‹.

Busse: Von Valletta aus Nr. 80 und Nr. 81, von Bugibba

Orte von A bis Z **Sliema**

Nr. 86. Bus Nr. 65 verbindet Sliema und St. Julians/Paceville mit Rabat, er hält auch in Ta'Qali.

Siggiewi

Lage: K 10
Einwohner: 7000

In die noch sehr ursprüngliche Ortschaft kommen Touristen nur auf dem Weg nach Ghar Lapsi. Mittelpunkt von Siggiewi ist die prächtige, von Lorenzo Gafà entworfene St. Nicholas-Kirche mit klassizistischen Vorbau des 19. Jh.

Ghar Lapsi: Die hübsche Bucht erinnert an einen Piratenunterschlupf. Auch bei Tauchern ist Ghar Lapsi sehr beliebt. Das einfache, aber gute Restaurant Lapsi View, Tel. 82 16 08, sorgt fürs leibliche Wohl.

Über eine schmale Straße gelangt man zum **Laferla Cross** (ca. 2 km), mit 219 m einer der höchsten Punkte der Insel.

Festa: Am letzten Sonntag im Juni feiert man den hl. Nikolaus.

Busse: Von/nach Valletta Nr. 89 und 94 (letzterer im Juli/Aug. auch nach Ghar Lapsi).

Sliema

Lage: M 8/9
Einwohner: 20 000

Die größte Stadt des Archipels hat sich in den letzten zwanzig Jahren zu Maltas Touristenzentrum Nr. 1 entwickelt. Früher wohnten entlang der Uferfront reiche Briten, wovon hier und da noch prächtige Villen zeugen. Die meisten dieser Schmuckstücke mußten aber Hotelhochhäusern und Apartementblöcken von zum Teil erschreckender architektonischer Belanglosigkeit weichen. Geblieben ist die herrliche Uferpromenade, die sich allabendlich in eine quirlige Flaniermeile verwandelt. Nur wenige Meter dahinter liegen stille Gassen mit entzückenden, typisch maltesischen Häusern und kleinen Tante-Emma-Läden.

Sliema hat zwar keinen Sandstrand, wohl aber ausgedehnte, flache Felsplateaus, von denen man über Leitern ins Wasser gelangt. Service mit Snacks, Getränken und Disco-Musik bieten die Lidos **Tigne Beach Club** oder **Pebbles Lido** an der Qui-Si-Sana Street. Im Sommer schmoren die Sonnenanbeter hier dicht an dicht. An stürmischen Tagen sollte man die Felsen meiden, die Brandung ist ausgesprochen tückisch!

Tauchschule: Dive System, Qui-Si-Sana Street,
Tel. 31 91 23, Fax 34 20 40.
Wassersport: Club Wave, Tower Road, am Preluna Beach Club;
Tel. 33 40 01, nur in der Hochsaison.
Tennis: Malta Union Club, Tigne Street, Tel. 33 20 11.
Voraussetzung für die Nutzung der Tennisplätze ist eine temporäre Mitgliedschaft (6 Lm/Woche).
Josephines, 47 The Strand, Tel. 31 04 35, Fax 34 27 00.
Vermietet neben Booten auch Fahrräder und Motorräder.

Hafenrundfahrt: Die Tour durch Marsamxett und Grand Harbour darf man nicht verpassen. Tickets sind bei Cap-

Sliema

Orte von A bis Z

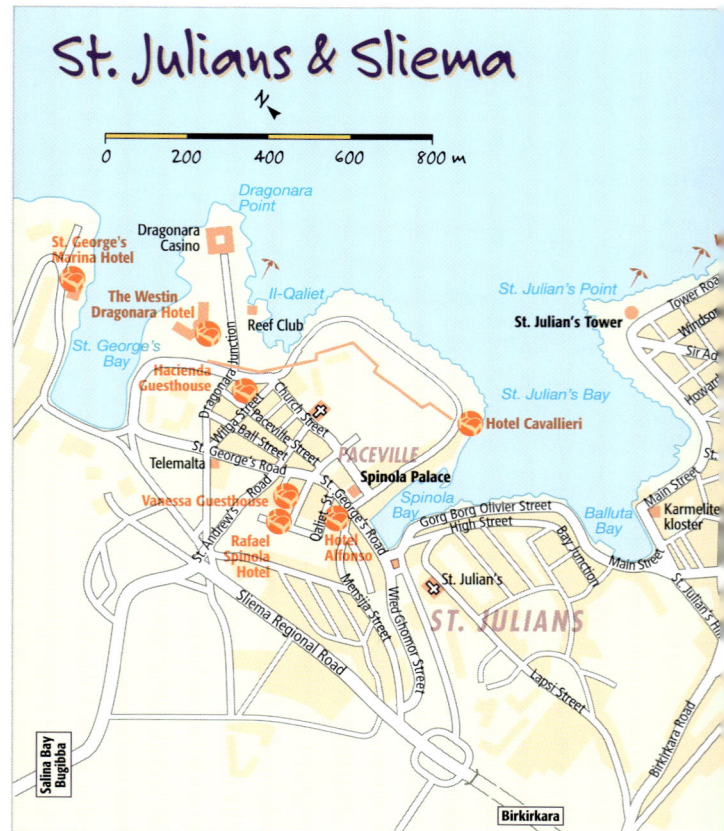

tain Morgan, Tel. 34 33 73, sowie bei Agenturen und unmittelbar vor der Abfahrt in den Verkaufsstellen am ›Strand‹ erhältlich.
Manoel Island: auf der Insel im Marsamxett-Hafen kann man die Überreste des im 18. Jh. errichteten **Fort Manoel** besichtigen. Auf der dem Lazzaretto Creek zugewandten Seite der Insel liegen die verfallenen Gebäude des **Lazzaretto** – einer Quarantänestation der Johanniter.
Msida: Südlich des Lazzaretto Creek kommt man nach **Ta'Xbiex** mit vornehmen Villen aus der Zeit um 1900, dann in die mit Sliema zusammengewachsene Gemeinde Msida. Reizvoll ist ein Bummel am Jachthafen zum fast 100 Jahre alten Dreimastschoner Black Pearl – einst im Besitz von Hollywoodstar Errol Flynn, heute ein außergewöhnliches Restaurant (s. S. 66).

Das Hotelangebot ist gigantisch – allerdings stammen einige Hotels aus den frühen Tagen des Tourismus und haben offensichtlich seither keine großen Veränderungen erfahren. Kurzum: mehr Masse als Klasse.

Orte von A bis Z # Sliema

The Caprice: G. Muscat Azzopardi Street, Tel. 34 04 59, Fax 33 05 24, günstig.
Nettes, einfaches (etwas hellhöriges) 2-Sterne-Hotel mit familiärer Atmosphäre, in hübscher Wohnstraße gelegen.
The Comfort Inn: 29 Cathedral Street, Tel. 33 42 21, Fax 57 29 68, günstig.
Kein Wunder, daß dieses kleine *guesthouse* so viele Stammgäste hat. Die engagierte Besitzerin Anna Cassar ist stets um das Wohl ihrer Gäste bemüht – die richtige Unterkunft also für alle, die eine gemütliche und freundliche Atmosphäre suchen.
The Kennedy Nova: The Strand 116, Tel. 34 54 80, Fax 34 18 71, teuer.
Schönstes Hotel am Marsamxett-Hafen. Vor kurzem renoviert, unterscheidet es sich hinsichtlich Ausstattung und Service wohltuend von vielen Konkurrenten.
The Windsor Hotel: Windsor Terrace, Tel. 34 60 53, Fax 33 43 01, teuer.
Empfehlenswertes, geschmackvoll eingerichtetes Mittelklasse-Hotel in einer Seitenstraße, wenige

Sliema

Orte von A bis Z

Schritte von der Uferpromenade entfernt. Fitneßraum vorhanden.
The Victoria Hotel: Gorg Borg Olivier Street, Tel. 33 47 11, Fax 33 47 71, Luxus.
Angefangen von den Zimmern über das Restaurant bis hin zum Service stimmt in diesem erst kürzlich eröffneten Hotel wirklich alles. In einer ruhigen Seitenstraße und dennoch sehr zentral gelegen.
Crowne Plaza: Tigne Street, Tel. 34 34 00, Fax 31 12 92, Luxus.
Das auf alten Fort-Anlagen errichtete, auch von außen sehr ansprechende Hotel bietet alle Annehmlichkeiten, die man von einem Luxushotel erwartet.

Ponte Vecchio: Stella Maris Street/Tower Road, Tel. 34 15 91, Mo–Sa 12.30–14.30, 18.30–23 Uhr, So geschlossen.
Nettes Restaurant, von dessen Terrasse aus sich bestens der Trubel auf der Tower Road beobachten läßt. Die Küche orientiert sich am Nachbarn Italien – solide und gut.
Ta Kolina: Tower Road, Tel. 33 51 06, tgl. 18–22 Uhr.
In dem gut besuchten Restaurant machen viele Touristen ihre ersten ›Gehversuche‹ auf dem Gebiet der maltesischen Küche.
Moon Dance: Qui-Si-Sana Street, Tel. 34 15 94, tgl. 12–24 Uhr.
In dem farbenfroh gestalteten Restaurant in unmittelbarer Nähe zur Tower Road kommen Fischfans ganz auf ihre Kosten: die Speisekarte umfaßt neben maltesischen auch internationale Fischspezialitäten.
Il-Kaccatur: Il-Kbira Street, Tel. 34 08 21, tgl. ab 19, So auch Mittagessen ab 11.30 Uhr.
Gemütliches, kleines Restaurant, u. a. leckere Kaninchengerichte.
Terra Nova: Qui-Si-Sana Street, Tel. 32 22 71, Mo–Sa 18–24 Uhr.
Das helle, freundliche Restaurant bietet eine kulinarische Reise rund ums Mittelmeer – von Griechenland über den Libanon und Marokko bis hin nach Spanien.
Il-Merill: St. Vincent Street, Tel. 33 21 72, Mo–Sa 18–22 Uhr.
Wer bei Mary und Vince einen Platz ergattern möchte, sollte frühzeitig da sein oder reservieren. Das kleine Restaurant mit solider Küche und persönlicher Atmosphäre ist sehr beliebt.
Black Pearl: Ta'Xbiex Marina, Tel. 34 39 70, im Winter tgl. außer So, im Sommer tgl. 19–22.30 Uhr.
Stilechtes Piratenschiff, für Kinder eine Sensation. Serviert werden Fisch- und Fleischgerichte sowie Pasta. Im Sommer speist man auf dem Achterdeck.

Kaum ein anderer Ort auf Malta wartet mit so vielen Läden auf wie das schicke Sliema. Man hat also reichlich Gelegenheit, Mitbringsel zu erstehen.
Bücher: Großes Angebot an Literatur über Malta (auch in deutsch) bei den Zeitschriftenläden im unteren Teil der Tower Road. Gut sortiert ist die Buchhandlung Books, Bisazza Street (zumeist englischsprachige Bücher).
Schmuck: Gute Juwelierläden findet man in der Tower Road, z. B. Clavis Jeweller, Tel. 33 59 20 (spezialisiert auf Goldschmuck), oder Torri Jewellers, Tel. 33 60 25 (u. a. schöne Silberrahmen).
Glas & Lampen à la Tiffany erhält man bei Phoenician Glass Blowers, Tel. 31 36 06 (Manoel Island).
Mode & Lifestyle: Junge Mode (Next, Benetton etc.), Sportartikel und Schuhe amerikanischer Marken und CDs in der Bisazza Street im und rund um das **Plaza Shopping Centre.** Schicke Mode auch

Orte von A bis Z **St. Julians**

bei Mango, Tower Road (in der Nähe des Hotels Swiss Chalet).
Wer nach dem Einkauf eine Stärkung braucht, dem sei die **Bäckerei Il-Fornaio** in der Tower Road (neben dem Preluna Hotel) empfohlen.

Das Nachtleben verläuft in Sliema in recht ruhigen Bahnen, die Action überläßt man dem Nachbarort St. Julians. In Sliema flaniert und flirtet man allabendlich auf der Uferpromenade: vom Fortizza an der Tower Road bis auf die Qui-Si-Sana Street und hinter dem St. Julian's Tower bis zur Balluta Bay.
Caffé Lancia: Tigne Seafront/Bisazza Street, Tel. 33 87 43, tgl. von 19–1 Uhr. ›Trendy‹ im Landhausstil: Hier vergnügt sich von früh bis spät alles, was jung und schön ist, bei Pizza, Pasta und Eis; die Krönung ist der Cappuccino.
Plough and Anchor, Main Street (Balluta Bay), Tel. 33 47 25.
Im Stil eines englischen Pub mit Seefahrer-Touch ausstaffiert. Witzige Dekoration: Von der Decke baumeln kitschige Bierkrüge. Im 1. Stock ist ein Restaurant.

Festa: In Sliema kommt man aus dem Feiern fast nicht heraus: am 2. Freitag nach Frühlingsbeginn, am 3. Sonntag im Juni, am 1. Sonntag im Juli, am Sonntag nach dem 18. August und am 1. Sonntag im September geht's hier hoch her.

Busse Nr. 62, 64, 67, 68 und 671 von/nach Valletta; Nr. 65 und 70 stoppen am Anleger der Marsamxett-Fähre nach Valletta, Nr. 64, 65, 66, 68, 70 und 671 weiter bis St. Julians/Paceville. Mit Nr. 65 erreicht man Rabat, mit Nr. 70 Bugibba/Qawra, mit Nr. 652 über Qawra nach Ghain Tuffieha, 627 über Vittoriosa nach Marsaxlokk.
Marsamxett-Fähre: Gegenüber vom Marina Hotel an Tigne Seafront setzt etwa alle 30 Min. eine Fähre nach Valletta über, Erwachsene 35 c, Kinder 15 c.

Villa im vornehmen Ta'Xbiex

St. Julians

Lage: L/M 7/8
Einwohner: 12 000
Stadtplan: s. S. 64/65

St. Julians, das sich an der Balluta Bay nahtlos an Sliema anschließt, und vor allem der Stadtteil Paceville sind besonders bei jungen Leuten sehr beliebt, denn abends geht hier die Post ab. Mit seinen Luxushotels der Extra-Klasse, umgeben von großzügig gestalteten Terrassenanlagen, spricht St. Julians auch ein Publikum mit gehobenen Ansprüchen an. In der ma-

St. Julians
Orte von A bis Z

lerischen Spinola Bay (St. Julian's Bay) mit ihren bunten Fischerbooten und alten Häusern wird noch etwas spürbar von St. Julians' Vergangenheit als kleines Fischerdorf.

Reef Club Beach Complex: nahe dem Westin Dragonara Resort. Da es keine richtigen Strände in St. Julians gibt, badet man am besten in diesem gut ausgestatteten Lido (Tagesgebühr).

Neptun's Waterpolo Club: Das Meerwasser-Freibad in der Balluta Bay lädt tagsüber zum Schwimmen ein (9.30–17.45 Uhr, 2.25 Lm); abends kann man hier beim Wasserballtraining zusehen.

Tauchkurse bieten:
Dive Wise: Westin Dragonara Complex, Dragonara Road, Tel. 33 64 41, Fax 31 07 08
Auch andere Wassersportarten, z. B. Wasserski.
Divecare: Spinola Beach 12, Tel. 33 98 31, kein Fax.

Splash & Fun-Park: Coast Road, Bahar ic-Caghaq (ca. 4 km nordwestlich), Tel. 37 42 83, tgl. 9.30–17 Uhr.
Läßt mit Wasserrutschen und einem Spielplatz mit bunten Phantasiefiguren Kinderherzen höher schlagen (Bus Nr. 68 und Nr. 70).

Hotel Alfonso: Qaliet Street, Tel. 33 00 53, Fax 34 48 80, günstig.
Einfaches, sauberes Hotel mit 28 Zimmern unter Leitung des freundlichen Ehepaars Sammut. Ruhig abseits des Trubels gelegen.
Vanessa Guesthouse: Ross Street, Tel./Fax 38 17 05, günstig.
»Ein Zuhause in der Fremde« möchte man den Gästen in dem schlichten, blitzsauberen *guesthouse* bieten. Zimmer mit und ohne Dusche, WC auf dem Gang; zentral und doch ruhig gelegen.
Hacienda Guesthouse:
35 Wilga Street, Tel. 31 96 29, Fax 37 65 05, günstig.
Kleines, sauberes *guesthouse* mitten im Trubel. Ideal für Nachtschwärmer.
Rafael Spinola Hotel: Upper Ross Street, Tel. 37 44 88, Fax 33 62 66, moderat.
Überschaubares, stilvoll eingerichtetes Hotel in ruhiger Seitenstraße, dennoch sehr zentral gelegen.
St. George's Park Complex:
Dragonara Street, Tel. 31 17 82, Fax 31 44 60, moderat.
In der von außen wenig ansprechenden Apartment-/Hotelanlage im Herzen von Paceville kann man auch als Selbstversorger logieren.
Eden Beach Hotel: Santu Wistin Street, Tel. 34 11 91, Fax 37 63 91, teuer.
Hotel der gehobenen Mittelklasse in unmittelbarer Nähe der St. George's Bay; vielfältiges Sport- und Unterhaltungsangebot.
Hotel Cavallieri: Spinola Street, Tel. 33 62 55, Fax 33 05 42, teuer.
4-Sterne-Hotel an der Spinola Bay mit herrlichem Blick über die Bucht. Sonnenterrasse, Wassersportmöglichkeiten, u. a. Segelschule. Golfer werden kostenlos zum Marsa Sports and Country Club in Marsa (s. S. 19) gebracht.
St. Gorg Corinthia Hotel:
St. George's Bay, Tel. 37 41 14, Fax 37 40 39, Luxus.
Etwas abseits gelegenes Luxushotel. Von den stilvoll eingerichteten Zimmern bis hin zur aufwendig angelegten Pool-Landschaft ein ästhetischer Genuß!
The Westin Dragonara Resort Hotel: Dragonara Road, Tel. 38 10 00, Fax 38 13 57, Luxus.

Orte von A bis Z — **St. Julians**

Dem süßen Nichtstun frönen – in der Spinola Bay

Die ganz in sanften Terrakotta-Farben gehaltene Großanlage ist im Frühjahr 1997 eröffnet worden. 300 Zimmer, drei Swimmingpools, zwei Privatstrände, vier Restaurants, fünf Bars, eine großzügig gestaltete Terassenlandschaft, Tennisplätze, Tauchclub, Fitneßstudio, Wassersportangebot und vieles mehr.

Das Angebot an Restaurants steht dem Hotelangebot in St. Julians in nichts nach. Einen Super-Ausblick genießt man in den Restaurants rund um die Spinola Bay, z. B.:

San Guiliano: Spinola Bay, Tel. 33 20 00, tgl. außer Mo mittags 12–14.30, 19–23 Uhr. Hervorragende Fisch- und Fleischgerichte.

Raffael: Spinola Bay, Tel. 33 20 00, tgl. 10.30–23 Uhr. Der rustikale Ableger des San Guiliano unter Arkaden, die Fischer einst zum Aufbewahren ihrer Netze nutzten. Ungezwungene Atmosphäre bei Pizza & Pasta. Beliebt: die schöne Terrasse.

Paparazzi: Spinola Bay, Tel. 37 49 66/67, tgl. 12–24 Uhr. Legeres Restaurant, das zu jeder Tageszeit brummt. Auch hier führen Pizza und Pasta die Speisekarte an. Laute Pop-Musik mischt sich mit dem Lärm der Uferstraße.

La Dolce Vita: 159 St. George's Street, Tel. 33 70 36, tgl. 19–23 Uhr. Geschmackvolles Ambiente und hervorragende (Fisch-)Küche. Im Sommer wird auch auf der Dachterrasse serviert (reservieren!).

Peppinos: 31 St. George's Street, Tel. 37 32 00, tgl. ab 19 Uhr, Weinbar tgl. auch 12–15 Uhr. Das in einem alten Stadthaus untergebrachte Restaurant ist das Richtige für Fischesser und Weinliebhaber. Gutes Preis-Leistungsverhältnis, quirlige Atmosphäre, toller Blick von der Dachterrasse.

La Maltija: 1 Church Street, Tel. 33 96 02, tgl. ab 18 Uhr, im Winter auch So mittags.

St. Julians
Orte von A bis Z

Hochburg der Nachtschwärmer: St. Julians

Gemütliches, rustikales Restaurant, das sich lobenswerterweise auf maltesische Küche spezialisiert hat und nicht nur gängige Kaninchengerichte bietet. Ohne Reservierung kaum eine Chance.

Alfonso's Pasta Place:
Qaliet Street, Tel. 33 00 53, tgl. 18.30–23 Uhr.
Hier können Nudelfans nach Lust und Laune schlemmen.

The Barracuda: Il-Kbira Street, Tel. 33 18 17, tgl. 19–23 Uhr, im Winter So geschlossen.
Hervorragend ist nicht nur die Lage – in der Balluta Bay auf einem Felssporn unmittelbar über dem Wasser. Auch das Ambiente und die italienisch angehauchten Speisen verdienen großes Lob. Nicht billig – kein Wunder!

Piccolo Padre: Il-Kbira Street, Tel. 34 48 75, tgl. 19–23 Uhr.
Im gleichen Gebäude wie das Barracuda, die gleiche sensationelle Lage plus Balkon, jedoch nicht so vornehm wie im Stockwerk darüber. Lebhafte Pizzeria mit gutem Service, leckere Nachspeisen.

Strandbedarf und Souvenirs: Zahlreiche Läden in der St. George und Wilga Street.
Park Towers Mall: Einkaufszentrum nach amerikanischem Vorbild zwischen Ballutta und Spinola Bay: schicke Modeläden für junge Leute, Sportartikel und Supermarkt unter einem Dach.

Volltreffer! An keinem anderen Ort Maltas kommen Nachteulen so auf ihre Kosten wie in St.Julians/Paceville. Besonders an den Sommerwochenenden, wenn hier die gesamte maltesische Jugend zusammenströmt, gibt's kein Halten mehr.
Discos: *Die* Disco schlechthin ist das **Axxis** am nördlichen Ende der St. George's Street, Anlaufstelle vor allem für Techno-Fans. Gleich nebenan liegen **Rock Café, Foot-Loose** und **Havanna**. Hier kann man Billard spielen, Tanzen oder einfach nur (Live-)Musik hören. In der Santu Wistin Street lädt Disco **Euphoria** zum Abtanzen ein.
Musikbars: Vor allem rund um Wilga Street, meist neueste Hits und selten ohne Karaoke, z. B. **Acienda, Coconut Grove, Easy Rider, Peppermint Park, The Alley Bar** oder **Going Places** – allen gemeinsames Motto: »If it doesn't turn you on, you've got no switches« (Wenn's dich nicht anmacht, fehlen dir die Schalter). Wer's ruhiger mag, geht in die **Henry J. Beans Bar** (an der Seite des St. Gorg Corinthia Hotels), eine Bar im texanischen Stil mit guter Musik und ausgezeichnetem Cocktailangebot. Ungezwungen ist die Atmosphäre in der **Saddles Bar** an der Spinola Bay – momentan absolut angesagt bei jungen, schicken Leuten. Auch das **Muddy Waters** in der Balluta Bay ist bestens geeignet, um sich

Orte von A bis Z # St. Paul's Bay

bei neuen und alten Hits zu entspannen.
Casino Dragonara Palace: Dragonara Junction, ab 19.30 Uhr bis in die frühen Morgenstunden. Für Herren sind Jackett und Krawatte Pflicht (können ausgeliehen werden). Lässiger geht's im Spielautomatenbereich zu.
Eden Century Cinema: Santu Wistin Street, Tel. 37 64 01.
Zeigt die neuesten Filme ›Made in Hollywood‹ – natürlich mit Originalton.

Am letzten Sonntag im August steigt die *festa* für St. Julian, den Schutzpatron der Fischer.

Busse Nr. 64, 68, 671 und 672 von/nach Valletta; Bus Nr. 65 fährt zum Fähranleger in Sliema und nach Rabat, Bus Nr. 70 zum Fähranleger in Sliema und nach Bugibba/Qawra.

St. Paul's Bay

Lage: J 6/7
Einwohner: 6000

Einst war Bugibba der Vorort von St. Paul's Bay. Heute haben sich die Proportionen zugunsten von Bugibba verschoben, was jedoch St. Paul's Bay keinen Abbruch tut. Im Gegenteil: Anders als die Vororte besitzt der kleine Ort noch eine gewachsene Struktur. Besonders reizvoll ist die Uferstraße San Frangisk, wo man am Wignacourt-Wachturm einen schönen Blick aufs Wasser und die bunten Fischerboote hat. Am westlichen Ende der Bucht liegen die unbewohnten St. Paul's-Inselchen. Dort soll der Apostel Paulus maltesischen Boden betreten haben.

Unweit des Wignacourt-Wachturms kann man von Felsenplateaus oder Betonpontons aus ins klare Wasser steigen.

Strand Diving Services: Ramon Perellos Street 15, St. Paul's Bay, Tel. 57 45 02, Fax 57 74 80.
Tauchkurse und Vermietung von Equipment.

Il-Gifen Guesthouse: Main Street 560/61, Tel. 57 32 91, Fax 52 14 04, günstig.
Kleines, altmodisches *guesthouse*. Wer es gerne ruhig hat, wählt ein Zimmer zum Garten.
Gillieru Harbour Hotel: Church Square, Tel. 57 27 20, Fax 57 27 45, teuer.
Hübsches, überschaubares Hotel abseits des Touristenrummels mit Blick entweder über die St. Paul's Bay oder den kleinen Church Square. Diverse Sportmöglichkeiten und ein Swimmingpool.

Da Rosi: 44 Church Square, Tel. 57 14 11, Di–Sa ab 18.30, So 11.30–14.30 Uhr.
Gemütliches Restaurant mit ausgezeichneter Küche. Besonders lecker: Spaghetti Marinara. Aber auch die Fisch- und Fleischgerichte sind nicht von schlechten Eltern.
Gillieru Restaurant: 66 Church Street, Tel. 57 34 80, tgl. 12.15–14.30, 19.30–23 Uhr.
Das sehr beliebte Restaurant wartet mit einer herrlichen Terrasse direkt über der Bucht auf, aber auch innen sitzt man sehr schön. Kulinarisch liegt die Betonung auf Fisch: Probieren Sie die Fischsuppe Aljotta – einfach köstlich!
Il-Gifen: Main Street 560/61, Tel. 57 32 91, tgl. ab 19 Uhr.
Zum erwähnten *guesthouse* gehört auch ein kleines, uriges Lokal,

St. Paul's Bay

Orte von A bis Z

das besonders für seine Kaninchengerichte gelobt wird.
Portobello: St. Luke's Street, Tel. 57 16 61, tgl. 18–23.30 Uhr. Italienische Küche, rustikales Ambiente und ein Super-Blick von der Veranda.

Festa: am letzten Sonntag im Juli.

Busse: Von/nach Valletta Nr. 43, 44, 45, 49, 50, 52, 427 und 452. Nr. 48 und 452 fahren nach Cirkewwa.

Valletta

Lage: M/N 8/9
Einwohner: 9500
Extra-Tour 2: s. S. 87

Valletta, eine der kleinsten europäischen Hauptstädte, wirkt wie aus einem Guß. Tatsächlich wurde der Ort kurz nach der Großen Belagerung von 1565 – man war in ständiger Erwartung eines neuen Angriffs – aus dem Boden gestampft. Zuerst errichtete man die mächtigen Befestigungsanlagen, dann die öffentlichen und privaten Gebäude. Für diese galten strenge Bestimmungen: Jedes Haus mußte über eine eigene Zisterne verfügen, kein Hindernis durfte die geraden Straßen verengen. Im Angriffsfall sollten die Truppen so schnell wie möglich zu den Bastionen eilen können. Nur sechs Jahre nach der Grundsteinlegung durch Großmeister Jean Parisot de la Valette war die Stadt, die seinen Namen trägt, fertiggestellt. Im Zweiten Weltkrieg wurde sie stark zerstört, doch man baute sie nach alten Plänen wieder auf. Heute bildet die lebhafte Republic Street den Mittelpunkt der Stadt, in der sich überall das Wirken der Johanniter nachvollziehen läßt.

St. John's Co-Cathedral: St. John's Street, Mo–Fr 9.30–12.45, 13.30–17.15 Uhr, Sa 9.30–12.40, 16–17 Uhr.
Die Johannes dem Täufer, dem Schutzpatron des Johanniterordens, geweihte Kirche wurde im 16. Jh. von Gerolamo Cassar errichtet. Einen Teil der ursprünglichen Kunstwerke im Innern hat Napoleon mitgehen lassen. Seinem Zugriff entzogen sich glücklicherweise die von Mattia Preti geschaffenen Deckengemälde, Meisterwerke der Barockmalerei, die ganz auf Illusion abzielen. Im Oratorium wird Maltas wertvollstes Gemälde aufbewahrt: Caravaggios ›Die Enthauptung Johannes des Täufers‹.
Großmeisterpalast: Republic Street, im Winter Mo–Fr 8.30–15, So 8.15–16.15 Uhr, im Sommer 10–13 Uhr, Sa, So und an Feiertagen geschlossen.
In dem 1571 von Gerolamo Cassar begonnenen Gebäude residierten die auf Lebenszeit gewählten Ordensführer. Heute ist hier das maltesische Parlament untergebracht. Porträts der Großmeister und Ritterrüstungen schmücken den Korridor. Der Tapestry Room birgt einen wunderbaren Gobelinsatz der ›Teintures des Indes‹ aus der Zeit Ludwigs XIV. mit Darstellungen aus der ›Neuen Welt‹. Im Großen Ratssaal dokumentiert ein Fries – von Perez d'Aleccio nach Augenzeugenberichten angefertigt – die Episoden der ›Großen Belagerung‹. Am Neptunshof liegt die Waffenkammer (Armoury, im Winter 8.30–16.30 Uhr, Sommer 9–13.30 Uhr), die mit 5700 Stücken eine der größten aus dem 16./17. Jh. ist.

Orte von A bis Z **Valletta**

Kein einfaches Terrain für Kicker: Treppenstraße in Valletta

Manoel Theatre: Old Theatre Street, Tel. 22 26 18, Mo–Sa um 10.30 und 11.30 Uhr Führungen (auch auf deutsch).
1731 errichtet, gehört das Haus zu den ältesten Theatern Europas, das prachtvolle Auditorium nach dem Vorbild der Scala stammt aus dem 19. Jh. Besonders nett sitzt man im Innenhof des kleinen Cafés.

Fort St. Elmo: St. Elmo Place, Führungen Sa zwischen 13 und 17, So zwischen 9 und 17 Uhr.
Die Anlage (heute eine Polizeiakademie), die die strategisch wichtige Spitze der Sciberras-Insel einnimmt, wurde während der Großen Belagerung wochenlang von den Ordensrittern bis zum allerletzten Mann verteidigt. Ein- bis zweimal im Monat finden hier die

Valletta

Orte von A bis Z

In-Guardia statt: Militärparaden in historischen Kostümen, die die Zeit des Johanniterordens wieder lebendig werden lassen.

St. Paul's Shipwreck Church: St. Paul's Street, Eingang: St. Lucia Street, Mo–Fr 10–12, 13.30–17.30 Uhr, Sa und So bis 17 Uhr.

Nach der St. John's Co Kathedrale ein weiteres Muß für ›Kirchgänger‹. Ebenfalls eine prachtvolle Barockkirche, aber ohne Massenandrang.

Upper Barracca Gardens: Der auf der St. Peter und Paul's-Bastion gelegene ehemalige Exerzierplatz der italienischen Landsmannschaft mit Gartenanlage ermöglicht Erholung vom Pflastertreten und einen traumhaften Blick über den Hafen und die ›Three Cities‹. Einen ebenso schönen Hafenblick hat man vom **Lower Barracca Garden** mit dem neoklassizistischen Grabmal des Gouverneurs Sir Alexander Ball.

Auberge de Castile et Léon: Die Auberge liegt an der höchsten Stelle der Stadt. Ursprünglich besaß der Bau eine ähnlich nüchterne Fassade wie die Auberge d'Aragon (West Street). Im 18. Jh. verlangte ein veränderter Zeitgeschmack nach einer Umgestaltung. Das Resultat: eine wunderschöne Barockfassade mit einer eleganten Freitreppe. Sie führt zu dem aufwendig gestalteten Portal mit der Büste des Großmeisters Manuel Pinto de Fonseca hinauf, der die Barockisierung in Auftrag gab.

Casa Rocca Piccola: 74 Republic Street, Tel. 23 17 96, Mo–Sa Führungen 10, 11, 12, 13 Uhr.

In dem schönen Gebäude erhält man einen Eindruck von der einstigen Wohnkultur der maltesischen Adelsfamilien.

Sacra Infermeria (MCC): Mediterranean/North Street, Tel. 22 41 35, Mo–Fr 9.30–16.30, Sa, So, Feiertage 9.30–13.30 Uhr. Das ehemalige Hospital des Johanniterordens dient heute als Konferenzzentrum (Mediterranean Conference Centre). Trotz mehrfacher Umbauten blieb der gewaltige Krankensaal erhalten. Dort wird in einer Show mit dem Titel ›The Knights Hospitallers‹ die

Orte von A bis Z # **Valletta**

Geschichte der Krankenpflege des Ordens dargestellt.
›**Experience Shows‹:** Maltas Geschichte im Schnelldurchgang bieten:
Malta Experience Show, gegenüber vom Mediterranean Conference Centre (MCC), Tel. 24 37 76, Mo–Fr 6 x, Sa, So und an Feiertagen 3 x.
Wartime Experience, George Cross Theatre, Palace Square, Tel. 24 78 91, Mo–Fr 3 x, Sa, So und an Feiertagen 1–2 x.
Sacred Island Show, nahe Upper Barracca Gardens, Tel. 22 26 44. Mo–Fr 5 x, Sa 3 x, So und an Feiertagen 2 x.

Archäologisches Museum: Republic Street, im Winter Mo–Sa 8.15–17, So 8.15–16 Uhr, im Sommer 7.45–13.45 Uhr, Tel. 23 95 45.

Valletta

Orte von A bis Z

Vallettas Republic Square mit der Victoria-Statue ist der bekannteste und beliebteste Treffpunkt Maltas

Das Museum, das in der ehemaligen Auberge de Provence untergebracht ist, erstrahlt nach jahrlanger Renovierung in neuem Glanz. Seit 1998 kann man wieder die einzigartigen Exponate aus der Zeit der Megalithkultur bewundern, u. a. die verschiedenen figürlichen Darstellungen, die man aus den Tempeln geborgen hat.

National Museum of Fine Arts: South Street, im Winter Mo–Fr 8.15–16.30, So 8.15–15.30 Uhr, im Sommer tgl. 8–13.30 Uhr, Tel. 22 57 69.

Neben italienischen (14.–17. Jh.) sind maltesische Werke zu bewundern, z. B. von Mattia Preti, Maltas bedeutendstem Barockmaler. Dem außergewöhnlichen Werk des maltesischen Bildhauers Antonio Sciortino (1879–1974) ist ein ganzer Raum gewidmet.

The Toy Museum: 222 Republic Street, tgl. 10–15 Uhr, Tel. 25 16 52.

Kinder aufgepaßt: Auf drei Stockwerken werden die schönsten Spielzeuge aus verschiedenen Epochen präsentiert.

War Museum: Spur Street, auf dem Gelände des Fort St. Elmo, im Winter tgl. 8.30–16.30, im Sommer tgl. 8–13.30 Uhr, Tel. 22 24 30.

Maltas Schicksal im Zweiten Weltkrieg: Fotos dokumentieren die Bombardierung des Grand Harbour durch die deutsche und italienische Luftwaffe. Auch einer der drei ›Abwehrjäger‹, mit denen Malta seinen Luftraum verteidigte, ist ausgestellt.

Floriana: Die Vorstadt Vallettas ist benannt nach dem Italiener Floriani, der 1634 die Befestigungsanlagen in diesem Gebiet errichtete. Bei einem Spaziergang entlang der Ufer und durch die Argotti Gardens kann man sich von diesen gewaltigsten Mauern Maltas beeindrucken lassen. Mittelpunkt ist die St. Publius-Kirche, vor der am 21. September der Independence Day mit einem

Orte von A bis Z **Valletta**

Volksfest gefeiert wird. Die erhöhten Steinplatten auf dem Platz zwischen Kirche und Maglio Gardens verschließen unterirdische Speicher, wo die Johanniter Getreide einlagerten.

Tourist Information:
1 City Gate Arcades,
Tel. 23 77 47, Mo–Sa 8.30–18,
im Sommer bis 18.30 Uhr.
Neben dem Büro am Flughafen das einzige offizielle Informationsbüro auf der Hauptinsel.

Wer auf Nachtleben verzichten kann, liegt mit einer Unterkunft in Valletta richtig.
The British Hotel: 267 St. Ursula Street, Tel. 22 47 30,
Fax 23 97 11, günstig.
Einfaches Hotel in Familienbesitz mit vielen britischen Stammgästen. Atemberaubende Aussicht über den Grand Harbour.
The Grand Harbour Hotel:
47 Battery Street, Tel. 24 60 03, Fax 24 22 19, günstig.
Von einigen Zimmern des 2-Sterne-Hotels sowie dem Restaurant und der Terrasse hat man einen herrlichen Blick.
Coronation Guesthouse:
Mikiel Anton Vassalli Street,
Tel. 24 74 68, 33 70 87 (Privatnummer des Besitzers), günstig.
Großer Komfort wird hier nicht geboten, aber eine heimelige Atmosphäre. Der Hit sind die sauberen, vom Besitzer farbenfroh gestalteten Zimmer! Manche bieten einen schönen Blick über den Marsamxett-Hafen.
Midland Guesthouse:
255 St. Ursula Street,
Tel. 23 60 24, günstig.
Von außen leicht angegammelt, innen einfach, sauber und entzückend altmodisch; z. T. toller Ausblick über den Grand Harbour.

Castille Hotel: Castille Square,
Tel. 24 36 77, Fax 24 36 79,
moderat.
Mittelgroßes Hotel in unmittelbarer Nähe der Upper Barracca Gardens; einige Zimmer mit typisch maltesischem Balkon. Vom Restaurant mit Terrasse genießt man eine phantastische Aussicht.
Osborne Hotel: 50 South Street,
Tel. 24 36 56, Fax 23 21 20, teuer.
Sehr gepflegtes, geschmackvoll eingerichtetes Stadthotel mit 119 Betten in einem ehemaligen Palast des Johanniterordens.
Hotel Phoenicia: The Mall,
Floriana, Tel. 22 52 41,
Fax 23 52 54, Luxus.
Das unweit des Busterminal gelegene, traditionsreichste 5-Sterne-Hotel hat sich den plüschigen Charme aus den Tagen des britischen Empire bewahrt.

The King's Own Band Club: Republic Street,
Tel. 23 02 81, tgl. ab 8 Uhr, Mo und Do abends Bingo-Spiel (kein Restaurantbetrieb ab 21 Uhr).
Hinter dem kuriosen Namen verbirgt sich ein traditionsreiches, bei Maltesern und Touristen gleichermaßen beliebtes Restaurant. Wen das schlichte Ambiente nicht stört, der ißt hier preiswert und gut (auch maltesische Küche).
Da Pippo: 136 Melita Street,
Tel. 24 80 29, Mo–Sa 11–15 Uhr, So und an Feiertagen geschlossen.
Kleines, rustikales Restaurant, das gern von Geschäftsleuten aufgesucht wird und daher in der Regel spätestens ab 12 Uhr gerammelt voll ist. Leckere Pasta zu vernünftigen Preisen.
Giannini: 23 Windmill Street,
Tel. 23 71 21, Mo–Sa 19.30–23 Uhr, im Winter auch mittags offen, So geschlossen.

Valletta
Orte von A bis Z

Italienische Küche zu gehobenen Preisen; geschätzt von Politikern und Geschäftsleuten. Besonders schön: Dinner auf der Terrasse.
Cocopazzo: South Street, Tel. 23 57 06, tgl. mittags und abends geöffnet.
Abseits des Trubels werden hier leckere und abwechselungsreiche Speisen serviert, und selbst Pizza und Sandwiches heben sich vom sonstigen Einerlei ab; z. T. aber nicht ganz billig.
Caffè Cordina:
244–45 Republic Street,
Tel. 23 43 85, tgl. 8–20 Uhr.
Das traditionsreichste Café der Stadt (seit 1873) am Republic Square ist berühmt für seine süßen Leckereien! Man kann drinnen oder draußen sitzen.
Trattoria Palazz: 43 Old Theatre Street, Tel. 22 66 11, Mo–Sa 12–15, Mo–Do 19–22 Uhr,
Fr und Sa bis 23 Uhr.
Rustikales Restaurant im Kellergewölbe der Nationalbibliothek. Die Speisekarte bietet auch Maltesisches.
Sicilia Bar: 1 A St. John Street, Tel. 24 05 69, Mo–Sa 12.30–14.30 Uhr Mittagstisch, ab dann bis 18 Uhr Kleinigkeiten.
Kleines, unprätentiöses Lokal mit wenigen Plätzen, die immer besetzt sind. Pasta und Fisch sind ausgeprochen gut, die Spaghetti Marinara ein Gedicht!
Still Alive Bar: Old Theatre Street (neben der Markthalle), Tel. 23 78 27, Mo–Sa 7–14 Uhr.
Spezialität des engen, einfachen Restaurants sind mit Ricotta gefüllte Ravioli in Tomatensauce.
Labyrinth: Strait Street 44, Tel. 24 80 02. Café ab 9 Uhr, Restaurant ab 12 Uhr.
Nomen est Omen – in den verschachtelten Gängen und Räumen eines alten Stadthauses wurden ein Café, Restaurant und Trödelläden untergebracht. Nicht nur zum Essen, hier wird man auch mit Jazzmusik und Theateraufführungen unterhalten.
Bonaci Premier: St. Lucia Street, Ecke Treasury Street (Rückseite der Johanneskathdrale).
Stimmungsvolles Café, das bis unter die Stuckdecke mit Kecksdosen, Bonbongläsern und Süßigkeiten vollgestopft ist. Guter Cappuccino und *caffé macchiato*.

Entlang der Republic Street reihen sich die Geschäfte aneinander: Die ganze Palette englischer und italienischer Marken ist hier zu haben.
Schmuck: Zwei traditionsreiche Juweliergeschäfte, in denen man u. a. sehr schöne Silberrahmen erstehen kann, sind **Malia Borg Jewellers,** St. Lucia Street (neben Law Court) und **Curio Hodse Jewellers,** Melita Street (zwischen Merchants und Zachary Street).
Sapienzas, 26 Republic Street. Große Auswahl an Büchern über Malta (auch auf deutsch).
Il-Monti-Markt: Mo–Sa bis ca. 12.30 Uhr auf der Merchants Street. Von Spitzenslips bis zu raubkopierten Kassetten; egal, ob man das braucht, sehenswert ist es schon.
Markthalle: Merchant Street. Am frühen Morgen Fisch und Fleisch, bis in den späten Nachmittag hinein Obst, Gemüse, Käse, Kräuter, Nüsse etc.
Sonntagsmarkt: Vormittags bis ca. 13 Uhr neben dem Busterminal vor den Mauern. Von Musikkassetten bis zu Haustieren – allein das Zuschauen macht Spaß.

Festa: Am 10. Februar, am 3. Sonntag nach Ostern sowie am 1. Sonntag im August.

Orte von A bis Z — **Vittoriosa**

Karneval: Kostümparade zwischen City Gate und Palace Square.
Great Siege Regatta: Farbenprächtige Bootsregatta im Grand Harbour am 8. Sept. zur Feier des Siegs in der Großen Belagerung.
Independence Day: Am Vorabend des 21. Sept. großes Volksfest vor St. Publius, am nächsten Morgen eine Militärparade.

Busse: Vor dem City Gate liegt das zentrale Busterminal Maltas. Auf der Brücke zum Stadttor sind Tarife und Busrouten aufgelistet; Abfahrtszeiten erfragt man im Info-Kiosk links von der Brücke; Tel. 25 00 07/8/9.
Marsamxett-Fähre: Das Boot verkürzt den Weg nach Sliema erheblich. Abfahrt am Wasserballbecken unterhalb der St. Paul's Cathedral (ausgeschildert); zwischen 7.45–18.15 Uhr meist im Halbstundentakt, Tel. 33 89 81.

Vittoriosa

Lage: N 9
Einwohner: 4000
Extra-Tour 2: s. S. 86 f.

Vittoriosa, das mit Senglea und Cospicua die ›Three Cities‹ bildet, wird auch mit dem alten Namen Birgu benannt. Erst nach dem Sieg in der Großen Belagerung erhielt das einstige Fischerdorf den Ehrentitel Vittoriosa, ›die Siegreiche‹. Aus der Zeit des Johanniterordens, der die kleine Ansiedlung am Grand Harbour nach einem Intermezzo in Mdina zu seinem Hauptquartier machte, sind noch einige imposante Gebäude erhalten. Heute in erster Linie Wohnort der Hafenarbeiter, bietet Vittoriosa interessante Einblicke in die Alltagswelt der Malteser.

Inquisitorenpalast: Il-Mina il-Kbira Street, im Winter Mo–Sa 8.15–16.30, So 8.15–16.15 Uhr, im Sommer tgl. 7.45–14 Uhr, Tel. 82 70 06.
Im einzigen erhaltenen Inquisitionspalast Europas kann man u. a. die Gefängniszellen besichtigen und den Gerichtssaal, wo eine niedrige Tür die Angeklagten zwang, dem Inquisitor in demütiger Haltung entgegenzutreten.
San Lawrenz-Kirche:
Dockyard Creek; Eingang am linken Seitenschiff.
Die erste Kirche hier soll von den Normannen im 11. Jh. gegründet worden sein, der heutige Bau stammt aus dem 17. Jh. Wertvollste Stücke sind das Altarbild von Mattia Preti, das das Martyrium des hl. Lawrenz zeigt, und die Kanzel aus Nußbaumholz. Die in der Glasvitrine ausgestellte Figur des Schutzpatrons der Kirche wird am 10. August durch die Straßen getragen. Das kleine Museum im **St. Joseph-Oratorium** an der Seite zum Misrah ir-Rebha, dem Hauptplatz, bewahrt u. a. Degen und Hut von Großmeister de la Valette. Vor der Kirche erinnert das **Freedom Monument** an den Abzug der letzten britischen Soldaten am 31.3.1979.
Fort St. Angelo: Auf der Spitze der Halbinsel; Eingang über die San Filippu Street zu erreichen; Führungen nur Sa 10–14 Uhr.
Die Hauptfestung der Johanniter vor dem Bau Vallettas diente den Briten als Sitz des Flottenkommandos im Mittelmeer. Rechts vom Eingang ist die Brücke aus der Ritterzeit zu erkennen; der Graben war damals Galeerenhafen.
Auberge d'Angleterre:
Majjistral Street.
In der einzigen nicht in Privatbesitz befindlichen Herberge ist

Xemxija

Orte von A bis Z

heute eine öffentliche Bibliothek untergebracht. Man kann daher einen Blick in den kleinen, schattigen Hof mit dem schönen Treppenaufgang werfen. In der nächsten Querstraße liegt das **Normannische Haus,** das nach seinem schönen Rundbogenfenster aus dem 13. Jh. benannt wurde.

Maritime Museum: Vittoriosa Wharf, im Winter Mo–Sa 8.15–16.30, So 8.15–16.15 Uhr, im Sommer tgl. 7.45–14 Uhr, Tel. 80 52 87.
In der einstigen Marine-Bäckerei der Briten erzählen Schiffsmodelle und Gemälde die Geschichte der maltesischen Schiffahrt.

In Vittoriosa gibt es nur einfache Bars, wo man aber auch Snacks bekommt: z. B. **Café du Brazil** am Vittoriosa Square, ideal zum Relaxen; **Olde City Pub,** San Lawrenz Street, beliebt bei Hafenarbeitern, und **Café Rich,** Il-Mina Street (Nähe St. John's Bastion), wo es leckere Hobz biz-zejt-Sandwiches gibt.

Festa: Am 10. August zu Ehren des Schutzheiligen San Lawrenz. Auch die Osterfeierlichkeiten sind beeindruckend.

Busse Nr. 1, 2, 4 und 6 von/nach Valletta, Nr. 427 nach Marsaxlokk bzw. Bugibba (außer So und Feiertag), Nr. 627 nach Sliema bzw. Marsaxlokk.

Xemxija

Lage: H 6/7

Der Siedlungsgürtel rund um die St. Paul's Bay findet seinen Abschluß in dem kleinen Straßendorf Xemxija, das an der viel befahrenen Straße nach Mellieha und Cirkewwa liegt.

Von den Felsplateaus unterhalb des Ortes führen Leitern ins Wasser, das hier allerdings nicht so schön schimmert wie andernorts, da die Steine mit Algen bewachsen sind.

Tauchkurse/-gänge bei **Sub-Way Scuba Diving School,** Xemxija Hill 39, Tel. 58 06 11, Fax 57 36 54.
Mare D'Oro: Shipwreck Promenade, Tel. 57 30 02.
Vermietet Surfboards, Kanus, Paddelboote, Ruderboote.

Clubhotel Mistra Village: Xemxija Hill, Tel. 58 04 81, Fax 58 29 41, teuer.
Sich harmonisch in die Landschaft einfügende Anlage. Es gibt Apartments für Selbstversorger, man kann aber auch im Restaurant speisen. Zum Sportangebot gehört u. a. eine Tauchschule.

Porto del Sol: Xemxija Road, Tel. 57 39 70, tgl. 12–14.30, 19–22.30 Uhr, im Sommer So, im Winter So abends geschlossen.
Restaurant mit maltesischem Stammpublikum. Köstliche Fisch- und Fleischgerichte, gutes Preis-Leistungsverhältnis.

Busse: Nr. 43, 44, 45, 50, 52, 452 von/nach Valletta, Bus Nr. 48 von/nach Bugibba/Qawra; Nr. 51 pendelt zwischen Xemxija, Ghajn Tuffieha und Bugibba/Qawra. Bus Nr. 83 verbindet Xemxija mit Rabat. Im Sommer fährt Bus Nr. 50 bis zur Armier Bay; Nr. 45, 48 und 452 fahren bis zum Fähranleger nach Cirkewwa.

Orte von A bis Z — **Zurrieq**

Fachsimpelei unter Fischern an der Blauen Grotte

Zurrieq

Lage: L 11/12
Einwohner: 9000

Das im Südosten der Insel gelegene Zurrieq gehört zu jenen maltesischen Städtchen, die sich ihren traditionellen Charakter bewahrt haben. Davon zeugt auch die komplett erhaltene Windmühle am nördlichen Ortseingang. Die Festa von Zurrieq gilt als eine der schönsten und aufwendigsten des ganzen Archipels.

Die Dorfkirche **St. Catherine** (17. Jh.) birgt einige schöne Werke von Mattia Preti, der in Zurrieq lebte, als der Ort von der Pest heimgesucht wurde. Auch die kleine **Hal Millieri Chapel** in den Feldern im Westen, das besterhaltene Beispiel mittelalterlicher Sakralarchitektur auf Malta, ist beachtenswert – besonders wegen der Wandmalereien.

Blue Grotto: Auf dem Weg von Zurrieq nach Hagar Qim passiert man einen Abzweig, der hinunter zur Blauen Grotte führt (ca. 2,5 km südwestlich). Von einer Mole legen bei gutem Wetter bunte Fischerboote ab, die Touristen zu verschiedenen Höhlen an der Küste fahren. Die faszinierende türkisblaue Färbung geht auf das starke Vorkommen von Blaualgen in diesem Küstenstreifen zurück. Am schönsten ist ein Besuch am Vormittag.

Festa: Am 1. Sonntag im September zu Ehren der hl. Katharina; eines der größten Feste Maltas.

Busse: Nr. 32, 34 von/nach Valletta; Nr. 38 und 138 nach Hagar Qim und zurück mit Zwischenstopp an der Bootsanlegestelle zur Blauen Grotte.

EXTRA –

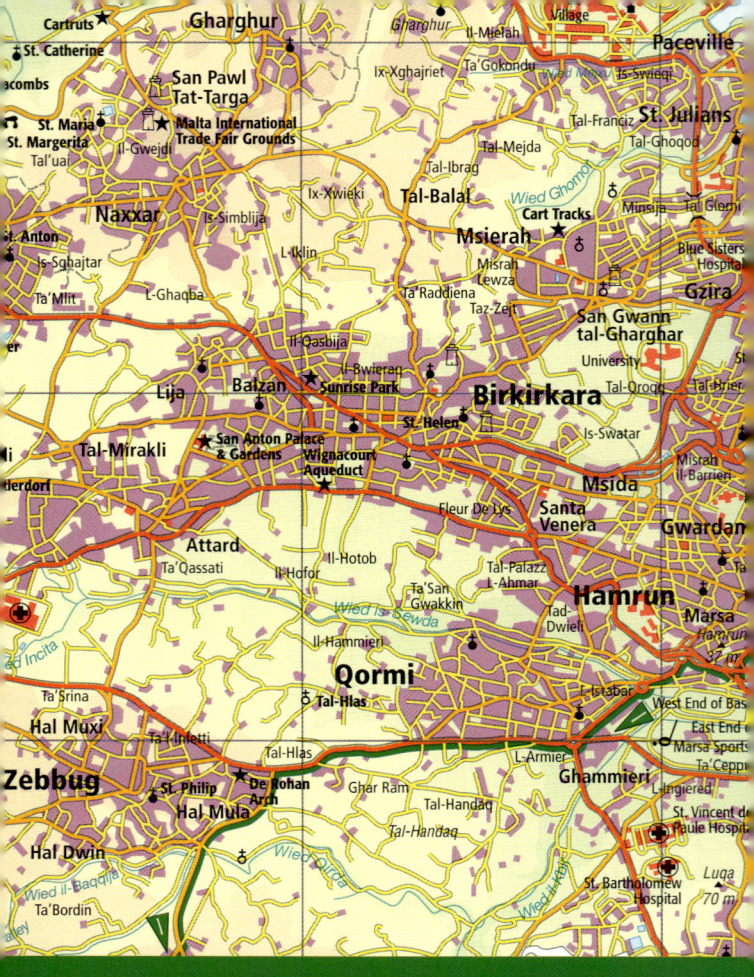

Fünfmal Malta, Natur und Kultur

1. Zurück zu den Anfängen – Megalithkultur und Naturgeschichte im Osten Maltas
2. Auf den Spuren des Johanniterordens – Prachtvolle Baudenkmäler in Vittoriosa und Valletta

Valletta – Die Hauptstadt des Inselstaates wartet mit faszinierenden Zeugnissen aus der Zeit des Johanniterordens auf

Touren

3. Wo der Kümmel wuchs – Die Pirateninsel Comino
4. Auf Schusters Rappen – Wanderung von Rabat zu den Dingli-Klippen
5. Wo die Uhren langsamer gehen – Traditionelle Dörfer, mauergesäumte Felder und traumhafte Buchten auf Gozo

83

EXTRA Tour 1

Zurück zu den Anfängen – Megalithkultur und Naturgeschichte im Osten Maltas

Wer einen Blick in Maltas Frühzeit werfen möchte, darf diese Tour nicht versäumen. Faszinierende Megalithtempel – älter als die ägyptischen Pyramiden und in dieser Form nur auf Malta existierend – stehen ebenso auf dem Programm wie der Besuch der Höhle von Ghar Dalam, wo man außer jahrtausendealten Tierknochen auch die frühesten Spuren menschlicher Besiedelung fand. Die beschriebene Route läßt sich am einfachsten mit dem Mietwagen bewältigen. Umständlicher und zeitaufwendiger ist die Benutzung öffentlicher Busse.

Von Valletta geht die Fahrt zunächst durch dichtbesiedeltes Gebiet nach **Siggiewi** (K 10; s. S 63), einer kleinen Ortschaft im Süden Maltas. Die Straße zur Tempelanlage von Hagar Qim ist ausgeschildert. Sie führt durch ein von Landwirtschaft geprägtes Gebiet mit den typischen von Steinwällen umfriedeten Feldern. Wem bereits der Sinn nach einem Bad im Meer steht, kann zu der kleinen Felsenbucht **Ghar Lapsi** (J 11; s. S. 63) abzweigen. Folgt man der Landstraße, erreicht man nach kurzer Zeit **Hagar Qim** (K 11; s. S. 60). Die um 3000 v. Chr. entstandene Kultstätte ist gut erhalten. Faszinierend ist besonders die außergewöhnliche labyrinthähnliche Struktur aus mehreren Kulträumen. Links vom Eingang führt ein breiter Weg hinunter zum Tempel von **Mnajdra** (K 11; s. S. 60). Hier beeindrucken neben den mächtigen Fassaden aus Korallenkalksteinblöcken die aufwendigen Punktdekorationen und der Gewölbeansatz, den man am linken Tempel erkennen kann. Vom Platz vor der Tempelfront bieten sich herrliche Ausblicke, u. a. zum Felseninselchen Filfla.

Zurück auf der Landstraße in Richtung Zurrieq empfiehlt sich ein Abstecher zur **Blauen Grotte** (s. S. 81). Bei ruhiger See steuern Fischerboote das eindrucksvolle, von türkisblauem Wasser umspülte Naturmonument an.

Das nächste Ziel ist Ghar Dalam. Von Zurrieq aus folgt man der Straße in Richtung Flughafen Luqa. Sie führt in einem Tunnel

Extra-Tour

Ein Meisterwerk der frühen Architekten: der Mnajdra-Tempel

direkt unter der Start- und Landebahn hindurch. An einem Kreisel hält man sich Richtung Zejtun, wo die Straße nach Birzebbuga abzweigt. Kurz bevor diese die St. George's Bay erreicht, liegt rechter Hand **Ghar Dalam** (N 11; s. S. 29 f.), die ›Höhle der Finsternis‹. Durch ein kleines Museum mit einer Ausstellung von Knochenfunden gelangt man ins Innere der Grotte. Dort dokumentieren die Höhlenwände wie ein aufgeschlagenes Buch Maltas frühe Geschichte. Man hat u. a. Knochen von Tieren gefunden, die vor Tausenden von Jahren auch in Italien beheimatet waren – ein Indiz dafür, daß Malta einmal mit dem europäischen Festland verbunden war.

Es lohnt sich, die Fahrt nach Tarxien über Marsaxlokk (s. S. 52 f.) fortzusetzen, vorbei am **St. Lucian Tower** (O 11), einem alten Wachturm aus der Johanniterzeit, in dem heute ein Meeresbiologisches Institut untergebracht ist. Dann **Marsaxlokk** – ein Ort wie aus dem Bilderbuch (O 11): In der sanft geschwungenen Bucht schaukeln bunte Fischerboote im türkisblauen Wasser. Fans von Fischgerichten kommen hier auf ihre Kosten. Nach 6 km hat man **Tarxien** (s. 59 f.) erreicht, eine kleine Stadt, die nicht besonders bemerkenswert wäre, gäbe es hier nicht eine weitere Tempelanlage. Die inmitten des Häusermeeres gelegene Kultstätte markiert den Höhepunkt und zugleich das rätselhafte Ende der Tempelbaukultur. Wie schon zuvor trifft man auch hier auf eine Abfolge kleeblattförmiger Kulträume. Sie bargen einst mit Spiralmustern und Tiermotiven verzierte Altäre. Die Stücke, die man heute in Tarxien sieht, sind Repliken – die Originale stehen im Museum in Valletta.

Ganz in der Nähe befindet sich ein weiteres Highlight aus der Zeit der Tempelbauer: Das **Hypogäum** (s. S. 59). Die unterirdische Anlage (wird zur Zeit restauriert) diente allem Anschein nach in erster Linie als Begräbnisstätte. Die aufwendige Bemalung der Wände läßt aber vermuten, daß hier auch kultische Handlungen vollzogen wurden.

Nach weiteren 6 km ist man in **Valletta** (M/N 8/9), wo ein Besuch des Archäologischen Museums (s. S. 75 f.) mit den Originalfunden der Megalithkultur die Reise in Maltas Vergangenheit abrundet.

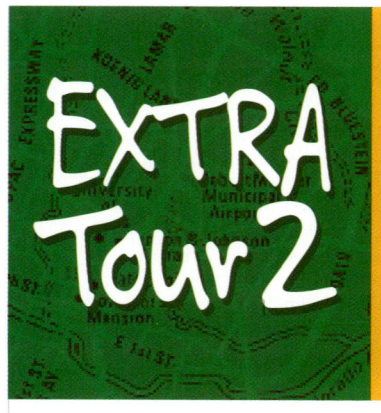

Auf den Spuren des Johanniterordens – Vittoriosa und Valletta

An fremden Herrschern hat es Malta bekanntlich nie gemangelt, doch keiner der Eroberer hat der Insel so sehr seinen Stempel aufgedrückt wie der Johanniterorden. Rund um den Grand Harbour – in Vittoriosa und der Hauptstadt Valletta – trifft man auf eine Reihe prächtiger Gebäude, die zu einer Reise in die Zeit des stolzen Ritterordens einladen (M/N 8/9).

Den Auftakt bildet die **St. John's Bastion** in Vittoriosa (s. S. 79), die zu dem mächtigen inneren Verteidigungsgürtel gehört, den die Ritter errichten ließen. Hier beginnt die Il-Mina Street, an der der **Inquisitorenpalast** liegt. In dem alten Gebäude walteten über 200 Jahre lang vom Papst ernannte Inquisitoren ihres Amtes. Ihre Aufgabe war es auch, abtrünnige Ritter zur Raison zu bringen. Nach wenigen Metern steht man auf dem Hauptplatz, dem Ir-Rebha Square, wo links neben der Brazil Bar die H. Tabone Street abzweigt. Die schmale Gasse entzückt mit typischen Holzbalkonen.

Ein Abstecher in die Il Majjistral Street führt zur **Auberge d'Angleterre**, die einst den Rittern der englischen Landsmannschaft als Unterkunft diente. Heute ist in der einzigen öffentlich zugänglichen Ritterherberge eine Bibliothek untergebracht.

Hält man sich am Ende der H. Tabone Street rechts, steht man bald auf den **Bastionen**, die Vittoriosa auf der Seite zum Kalkara Creek hin schützten. Entlang der Mauer sind auf Schildern die Stellen vermerkt, die die einzelnen Landsmannschaften des Ordens zu verteidigen hatten. Auf der Spitze der Halbinsel liegt **Fort St. Angelo** (nur Sa 10–14 Uhr zugänglich), das bei der Großen Belagerung Hauptquartier der Ritter war. Geht man über die Skolastika Street zurück ins Zentrum von Vittoriosa, kommt man an einem Benediktinerinnenkloster vorbei, in dem einst das erste **Krankenhaus** des Ordens untergebracht war.

Vom Hauptplatz sind es nur wenige Schritte zur **San Lawrenz-Kirche**, der ersten Konventskirche der Johanniter. An den marmorverkleideten Pfeilern im Innern entdeckt man immer wieder das Johanniterkreuz, dessen acht Spit-

Extra-Tour 2

zen die acht Landsmannschaften des Ordens symbolisieren. Beim Bummel über den Kai der Vittoriosa Wharf sieht man weitere Paläste aus der Ordenszeit und genießt einen herrlichen Blick auf den Grand Harbour, Valletta und das gegenüberliegende Senglea. Nun zurück zum Main Gate, wo am großen Platz die Busse nach Valletta abfahren.

Am Busterminal von Valletta beginnt der zweite Teil der Erkundungstour. Vor dem City Gate erstreckt sich ein eindrucksvoller Graben, der **Great Ditch,** den die Ritter von Sklaven aus dem Fels meißeln ließen, um Marsamxett und Grand Harbour miteinander zu verbinden, ein Unterfangen, das – wie man sieht – nicht vollständig gelang. Die quirlige Republic Street führt geradewegs zum **Großmeisterpalast** (s. S. 72). In dem imposanten Gebäude mit begrünten Innenhöfen residierten die Großmeister des Ordens – heute Maltas Präsident.

Ein kurzer Abstecher führt über die Old Theatre Street zum entzückenden **Manoel Theatre** (s. S. 73), das Großmeister Manoel de Vilhena für die »rechtschaffene Unterhaltung des Volkes« spendierte. Das Café im Innenhof ist der ideale Ort für eine Verschnaufpause abseits des Trubels.

Am nordöstlichen Ende der Republic Street liegt das mächtige **Fort St. Elmo** (s. S. 73), das während der Großen Belagerung von 1565 trotz zäher Verteidigung durch die Ritter den osmanischen Truppen in die Hände fiel. Am St. Elmo Place beginnt die Mediterranean Street, an der die **Sacra Infermeria** (s. S. 74) liegt. Wegen seines hohen medizinischen Standards war das Krankenhaus weit über die Grenzen Maltas hinaus bekannt. Über die St. Paul's Street schlendert man zurück zur St. John's Street, wo die **St. John's Co-Cathedral** (s. S. 72) aufragt. Die Kathedrale gehört zu den beeindruckendsten Kirchenbauten Europas, was man angesichts des schlichten Äußeren zunächst nicht glauben mag. Innen jedoch entfaltet sie ihre ganze Pracht. Kein Großmeister ließ sich lumpen, wenn es darum ging, die Konventskirche auszustaffieren. Von der Kathedrale ist es nicht mehr weit zu den **Upper Barracca Gardens**. Von dem ehemaligen Exerzierplatz der italienischen Landsmannschaft genießt man einen phantastischen Blick über den Grand Harbour und die ›Three Cities‹. In unmittelbarer Nähe liegt die **Auberge de Castile et León,** die schönste aller erhaltenen Ritterherbergen, mit einer beeindruckenden Barockfassade und einer eleganten Freitreppe. Heute residiert hier der maltesische Premierminister. Über die South Street sind bald wieder die Republic Street und das City Gate erreicht.

Stadt der Johanniter: Valletta

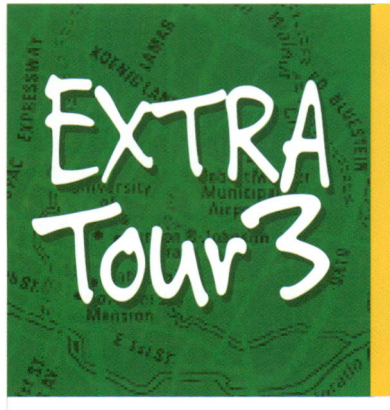

Wo der Kümmel wuchs – die Pirateninsel Comino

Das nur 2,7 km² große Comino (F/G 4), auf halbem Wege zwischen Malta und Gozo gelegen, war lange Zeit ein Seeräubernest – kein Wunder, bot es doch mit seinen Buchten und Höhlen hervorragende Verstecke.

Überhaupt blickt Comino auf eine bewegte Geschichte zurück: Seit der Bronzezeit war es immer wieder vorübergehend besiedelt. Vor allem im Mittelalter wurde auf der Insel Kümmel angebaut, worauf auch ihr Name zurückgeht (Kümmel: ital. *comino*). Erst als der Bau eines Wachturms unter Großmeister Alof de Wignacourt der ertragreichen Piraterie ein Ende bereitete, ließen sich Fischer und Bauern hier dauerhaft nieder. Die Insel fungierte aber auch als Quarantänestation und später als Verbannungsort für Verbrecher und Kriegsgefangene. In den 40er Jahren dieses Jahrhunderts löste sich die kleine Inselgemeinde auf. Heute leben nur noch drei Menschen ganzjährig auf Comino. Zwischen März und November ›bevölkern‹ außerdem die Gäste des Comino-Hotels das Eiland.

Erstes und für viele auch einziges Anlaufziel auf Comino ist die **Blaue Lagune** (s. S. 34). Schon von weitem strahlt einem das türkisblaue, glasklare Wasser zwischen Comino und dem vorgelagerten Felsen **Cominotto** entgegen.

Ein Trampelpfad führt links der kleinen Bucht in Richtung Wachturm. Bald bietet sich ein wunderbarer Ausblick auf die Crystal Lagoon, die geschützt zwischen steilabfallenden Klippen liegt – es waren solche Naturhäfen, von denen aus die Piraten ihre Überfälle auf die zwischen Malta und Gozo verkehrenden Schiffe unternahmen. Oberhalb der Crystal Lagoon steht der wuchtige **Johanniter-Wachturm,** zu dem eine steile Treppe hinaufführt. Er ist inzwischen im Besitz der maltesischen Armee, die hier Ausschau nach Schmugglern und illegalen Fischerbooten hält (keine Besichtigung). In der Nähe des Turmes erblickt man die ehemalige **Quarantänestation.** Ein Teil der Gebäude wird von den drei Dauersiedlern der Insel bewohnt. An der Quarantänestation zweigt ein Weg nach rechts ab, der zur Schweinefarm führt. Als Ende der

Extra-Tour 3

Ausflugsboot mit Kurs auf die kleinste Insel des maltesischen Archipels: Comino

70er Jahre auf Malta und Gozo die Schweinepest ausbrach, begann man hier mit der Aufzucht eines gesunden Bestandes.

Folgt man dem Weg an der Quarantänestation vorbei geradeaus weiter, passiert man auf einer Anhöhe einen verlassenen Friedhof und erreicht nach kurzer Zeit die **Santa Marija Bay.** Die kleine, strahlend weiß getünchte **Santa Marija-Kirche** läßt noch Reste eines mittelalterlichen Vorgängerbaus erkennen. Jedes Wochenende kommt der Pfarrer aus Gozo herübergeschippert, um die Messe zu lesen. Auch eine kleine Polizeistation darf nicht fehlen. Zwei gozitanische Polizisten schieben hier geruhsam Wache. Mit der Bekämpfung von Verkehrsdelikten und Verbrechen verständlicherweise nicht ausgelastet, widmen sie sich auch meteorologischen Aufgaben: Sie messen die Niederschläge auf der Insel. Die von Tamarisken umstandene Santa Maria Bay mit einem schmalen Sandstrand lädt zu einem erfrischenden Bad ein.

Östlich der Bucht steigt das Gelände leicht an. Bald verliert sich der Pfad in einem Terrain aus scharfkantigem, von Wind und Wetter modellierten Korallenkalk. Abenteuerlustige suchen sich ihren Weg zum Klippenrand und werden bald mit einem phantastischen Ausblick auf die Steilküste belohnt. Besonders an windigen Tagen tost die Brandung gegen die Felsen und schwappt gurgelnd und schmatzend in die Höhlen. Leicht kann man sich vorstellen, daß sich hier einst Piraten mit ihren wendigen Booten versteckten und auf fette Beute lauerten...

Anreise: Zwischen März und Oktober verkehrt das Boot des Comino-Hotels (s. S. 34 f.) regelmäßig zwischen Malta, Gozo und Comino. Es steht auch Nicht-Hotelgästen zur Verfügung. Aber auch viele Touranbieter haben eine Fahrt zu dem Inselchen im Programm. Unbedingt bedenken sollte man, daß es auf Comino weder Restaurants noch Snackbars – noch Schatten – gibt. Möchte man das Tagesangebot des Comino-Hotels nicht in Anspruch nehmen, ist die Mitnahme von genügend Wasser also ein Muß! Auch ein Sonnenhut darf auf der Pirateninsel nicht fehlen.

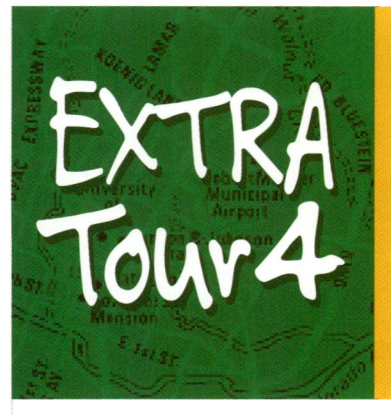

Auf Schusters Rappen – Wanderung zu den Dingli-Klippen

Felder und Wiesen, ein kleines Dorf, Bauernhäuser, Windräder, die sich leise knarrend drehen und imposante Ausblicke – all das bietet diese etwa vierstündige Wanderung, auf der man das ländliche Malta abseits der Touristenzentren kennenlernt. Die Route führt entlang wenig befahrener, meist betonierter Feldwege. Bequeme Schuhe steigern den Genuß, Sonnenschutz und ein Wasservorrat sind ebenfalls angesagt.

Ausgangspunkt ist der Ghajn Qajjied-Kreisel in **Rabat** (H 9), wo man zunächst der Straße in Richtung Fiddien folgt. Nach einer Weile zweigt zwischen hohen Steinmauern links ein kleine Straße zum Weiler **Tas Salvatur** (H 9) ab, den man auf einem am ersten Haus links abzweigenden Sträßchen umwandert. Bald biegt man rechts ab und folgt der Straße, die in ein fruchtbares Tal hinunterführt. Man wählt den ersten Weg links. Nach einigen Metern zweigt zur Linken ein weiterer Feldweg ab, der in der Talsohle auf das Dorf Dingli zuläuft. In der Ferne erkennt man schon die silbernglänzende Kuppel der Dorfkirche. Der Weg wird zu beiden Seiten von den für Malta typischen Steinmauern begrenzt. Überall sieht man Windräder, mit deren Hilfe die Felder bewässert werden. Das Dingli-Plateau gehört zu den wasserreichsten Gebieten der Insel. Daher wird es landwirtschaftlich intensiv genutzt. Feigen- und Eukalyptusbäume sowie Opuntienhecken säumen den Weg. Besonders im Frühling entfaltet sich hier eine herrliche Blütenpracht.

Nach einiger Zeit verbreitert sich der Weg und stößt kurze Zeit später auf eine Straße – man zweigt nach rechts ab und biegt bald darauf links in einen sandigen Karrenweg ein, der sich durch Felder schlängelt. Das Dorf **Dingli** (H 10) rückt immer näher. Wenig später führt der Weg nach rechts zwischen Obstbäumen den Hang hinauf, man passiert ein Häuschen, auf dem ›Dingli‹ aufgepinselt ist. Kurz nachdem man einen alten Ziehbrunnen hinter sich gelassen hat, steht man vor den ersten Häusern des Ortes: Man wendet sich nach links und hält auf die

Extra-Tour 4

Kirche zu. Auf der Hauptstraße weist nun ein Schild mit der Aufschrift ›Dingli Cliffs‹ den Weg. Am Friedhof **Mater Dolorosa** rechts vorbei führt die Straße in Richtung Klippenrand. An einem militärisch aussehenden Gebäude biegt man nach rechts ab und folgt nun der Straße, die hoch über dem Meer an den Dingli-Klippen entlangführt. Benannt wurden Klippen und Dorf nach Thomas Dingli, einem englischen Ritter, der sich hier im 16. Jh. niederließ. Dort, wo die Klippen terrassenförmig zurücktreten, erlauben wasserspeichernde Tonschichten ihre landwirtschaftliche Nutzung. Ein herrlicher Kontrast: hier Klippen und Felder, dort das offene blaue Meer. Rechter Hand passiert man das Restaurant Bobbyland, von dessen Terrasse man eine wundervolle Aussicht genießt.

Der nächste Orientierungspunkt ist die Sommervilla **Rdum Depiro**, die links des Weges hoch über den Klippen liegt. Nach weiteren 10 Minuten geht die geteerte Straße in einen steilabfallenden, steinigen Feldweg über. Rechts erblickt man einen ins Landesinnere führenden Weg, den man einschlägt. Nach kurzer Zeit zweigt links ein weiterer Weg ab, der einen weiten Bogen beschreibt und an einem kleinen, kubischen Häuschen vorbeiführt. Einige Schritte, und man steht auf einer schmalen Straße, die am Rand eines weiten, grünen Tales entlangläuft. Zwischen den Gebäuden eines Gehöfts (Vorsicht: Wachhunde!) führt ein geteerter Weg hinunter ins Tal. In den Felswänden zur Linken entdeckt man Höhlen, die lange Zeit als Behausung dienten. Man durchquert das Tal, in dem sich Feld an Feld reiht, und folgt dem Weg, der auf der anderen Seite aus dem Tal herausführt – etwa 100 m geht es steil bergauf. Doch die Mühe lohnt sich: Oben angekommen bietet sich zwischen zwei Häusern ein wundervoller Blick über das Tal bis hinaus aufs Meer. Man folgt dem geteerten Sträßchen, das nun durch weite Felder führt. In der Ferne tauchen die Türme der St. Peter und Paul-Kathedrale von Mdina auf. Nach ca. 45 Min. (von den o. g. zwei Häusern an gerechnet) erreicht man die Stelle, wo man auf dem Hinweg in Richtung Dingli links abgebogen ist. Auf dem gleichen Weg kehrt man, über Tas Salvatur, nach Rabat zurück.

EXTRA Tours

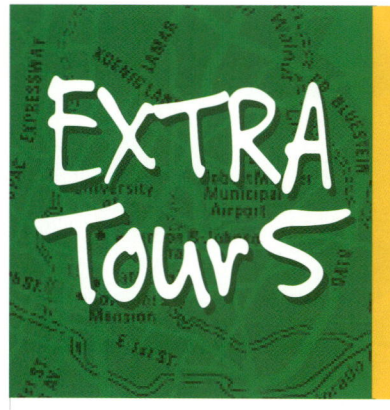

Wo die Uhren langsamer gehen: Gozo

Nicht große Sehenswürdigkeiten sind es, die Gozo so attraktiv machen, sondern der ganz eigene Charakter, den sich Maltas Schwesterinsel bis heute bewahrt hat.

Möchte man die Tour als Tagesausflug von Malta aus unternehmen, empfiehlt sich die Mitnahme eines Mietwagens. Wer mehr Zeit mitbringt, erreicht alle Orte von Victoria aus mit dem Bus. Die eine oder andere Strecke läßt sich auch erwandern. Wie auch immer – genügend Muße sollte man sich gönnen: für eine Pause auf dem Dorfplatz, für ein Schwätzchen im Tante-Emma-Laden, für einen Cappuccino in der Eckkneipe... – gerade dann erschließt sich die Alltagswelt der Insulaner.

Nach der Ankunft in **Mgarr** (E 3; s. S. 40) erblickt man schon von weitem hoch über dem Ort das mächtige Fort Chambray. Pläne, das Bauwerk in ein Luxushotel umzuwandeln, sind auf Eis gelegt worden. Rechts vom Fort thront die kleine neugotische Kirche Our Lady of Lourdes, deren Vollendung erst durch den Lottogewinn des Pfarrers möglich wurde. Der Name Mgarr kommt aus dem Arabischen und bedeutet ›geschützter Hafen‹ – heute suchen bunte Fischerboote und schicke Segeljachten Schutz hinter der Mole, an der die großen Fährschiffe anlegen.

An der Straße in Richtung Victoria liegt **Ghajnsielem** (D/E 3), dessen Pfarrkirche durch die kuriose Kombination eines neugotischen Turmes mit einer barocken Kuppel auffällt. In den Gassen des Dorfes gibt der Fassaden- oder Fahnenschmuck der Häuser ein Stück Familiengeschichte preis: Hier ein »Gott segne Amerika«, dort ein australisches Känguruh oder ein kanadisches Ahornblatt im Wappen. Des Rätsels Lösung: Lange Zeit ermöglichte vielen Gozitanern nur die Auswanderung nach Übersee eine gesicherte Existenz – ein Teil der Emigranten ist inzwischen heimgekehrt.

Von Ghajnsielem führt eine Straße nach **Nadur** (E 3). Das Dorf liegt eingebettet in fruchtbare Felder und Obstgärten. Nach wie vor lebt die Mehrzahl der Einwohner von der Landwirtschaft. Die mühsam erarbeiteten Erträge reichen sogar, um Malta mit Obst und Gemüse zu beliefern. Als man die

Extra-Tour

Pfarrkirche errichten wollte, kam es zum Streit zwischen Pfarrer und Dorfbewohnern über den geeigneten Standort. Das Problem wurde schließlich von einem Bauern gelöst, der seinen Eselskarren mit schweren Steinen belud. Betend folgte er seinem Tier, das am höchsten Punkt des Ortes stehenblieb und sich nicht mehr von der Stelle rührte – voilà, der Bauplatz war gefunden.

Setzt man die Fahrt nach Xaghra fort, lohnt sich der kleine Umweg über die **Ramla Bay** (D/E 2; s. S. 48), der durch eine fruchtbare Terrassenlandschaft führt. Wie die meisten gozitanischen Dörfer liegt **Xaghra** (D 2; s. S. 46 f.) auf einem Tafelberg. Vom Zauber längst vergangener Tage erzählen gleich zwei Sehenswürdigkeiten: die Ta Kola Windmühle, eine der wenigen vollständig erhaltenen Windmühlen auf den Inseln, und ein kleines Spielzeugmuseum. Die Bäckerei gegenüber nennt den letzten traditionellen Steinofen des maltesischen Archipels ihr eigen.

Die Kirche von Xaghra ist zweifellos Gozos prachtvollstes Gotteshaus – ein originelles überdies: Damit der Teufel zu spät zur Messe kommt, hat man die Uhr auf dem linken Kirchturm nur aufgemalt – zeitlos schön! Der Platz vor der Kirche ist das Herzstück des Dorfes. Eine einfache, aber sehr authentische Kneipe bei der Tankstelle – Domäne der Männer – lädt zum Verweilen und Beobachten ein. Schräg gegenüber liegt das sehr empfehlenswerte Restaurant Oleander (s. S. 48).

Über Victoria geht die Fahrt weiter gen Westen zu dem Dörfchen **Gharb** (B 2; s. S. 37 f.), dessen Ursprünge wahrscheinlich ins 9. Jh. zurückreichen, als die Araber über den maltesischen Archipel herrschten. Seiner Lage entsprechend nannten die Araber die Ansiedlung Gharb – ›Westen‹.

Feierabendstimmung auf Gozo

Die Pfarrkirche an der Stirnseite des Platzes mit ihrer konkaven Fassade ist ein Kleinod der Barockbaukunst. Auf keinen Fall versäumen darf man das kleine Folklore-Museum (s. S. 37) neben der Polizeistation. In einem wunderschönen Haus aus dem 18. Jh. wird eine liebevoll zusammengetragene Sammlung präsentiert, die alte Inseltraditionen lebendig veranschaulicht.

Ganz in der Nähe von Gharb befindet sich inmitten einer herrlichen Landschaft das Kirchlein **San Dimitri,** das man zu Fuß über den Weiler Birbuba erreicht. Der Legende nach soll hier eine Mutter den hl. Dimitri angefleht haben, ihren Sohn zu beschützen, nachdem Piraten die Insel überfallen und den Sohn in die Sklaverei verschleppt hatten. Die unglückliche Mutter flehte den Heiligen an, einzugreifen – und siehe da: Er löste sich aus dem Altarbild, nahm die Verfolgung über das Meer auf und befreite den Jungen aus den Fängen der Bösewichte…

Impressum/Fotonachweis

Fotonachweis
Titel: Bei der Festa geht es in Malta hoch her
Seite 1: Ein bißchen britisch, aber auch ein wenig arabisch: die Malteser
Seite 2/3: Upper Barracca Gardens in Valletta
Seite 4/5: Festa der Gemeinde Our Lady of All Graces in Zabbar
Seite 26/27: Als Ausflugsziel ein ›Must‹: der Hafen von Marsaxlokk

Rainer Hackenberg, Köln   Titel, S. 1, 2/3, 4/5, 6/7, 8, 12, 15, 19, 26/27, 35, 36, 39, 45, 46/47, 49, 53, 54, 57, 62, 71, 73, 76, 81, 85, 87, 89, 93
Katja Müller, Köln   S. 10, 30, 40, 44, 51, 66, 70, 91

Kartographie: Berndtson & Berndtson Productions GmbH, Fürstenfeldbruck, © DuMont Buchverlag

Alle in diesem Buch enthaltenen Angaben wurden von der Autorin nach bestem Wissen erstellt und von ihr und dem Verlag mit größtmöglicher Sorgfalt überprüft. Gleichwohl sind inhaltliche Fehler nicht vollständig auszuschließen. Ihre Korrekturhinweise und Anregungen greifen wir gern auf. Unsere Adresse: DuMont Buchverlag, Postfach 101045, 50450 Köln; E-Mail: reise@dumontverlag.de

Die Deutsche Bibliothek – CIP-Einheitsaufnahme

Müller, Katja:
Malta / Katja Müller. - Ausgabe 2000. -
-Köln : DuMont, 2000
(DuMont Extra)
ISBN 3-7701-5131-3

Grafisches Konzept: Groschwitz, Hamburg
© 2000 DuMont Buchverlag, Köln
Alle Rechte vorbehalten
Druck: Rasch, Bramsche
Buchbinderische Verarbeitung: Bramscher Buchbinder Betriebe
ISBN 3-7701-5131-3

Register

Ambulanz vordere Umschlaginnenseite
Anchor Bay (G 6) 56
Anreise 22
Armier Bay (G 5) 56
Attard (K 9) 28
Azure Window (A 2) 44

Balzan (K 8/9) 28, 29
Behinderte 25
Birkirkara (L 8/9) 28, 29
Birzebbuga (N 11/12) 29
Blue Grotto (Blaue Grotte) (L 12) 81, 84
Blue Lagoon (Blaue Lagune) (F 4) 34, 88
Borg in-Nadur (N 11) 29
Bugibba (J 6/7) 31
Buskett Gardens (J 10) 8, 15, 33

Calypso's Cave (D 2) 48
Casino Dragonara Palace (M 7) 71
Cirkewwa (F 5) 23, 35
Clapham Junction (H 11) 61
Comino (F/G 4) 34, 88

Delimara-Halbinsel (O 11/12) 51
Dingli (H 10) 90
Dingli Cliffs (H 10) 62, 90
Diplomatische Vertretungen vordere Umschlaginnenseite
Dwejra Bay (A 2) 44

Festa 14
Feuerwehr vordere Umschlaginnenseite
Floriana (M 9) 76
Fort St. Angelo (N 9) 79, 86
Fungus Rock (A 2) 44

Geld vordere Umschlaginnenseite
Ggantija-Tempel (D 2) 47
Ghadira (Vogelreservat, Mellieha Bay) (G 6) 56
Ghajn Tuffieha (G 8) 35, 56
Ghajn Tuffieha Bay (G 8) 36

Ghajnsielem (D/E 3) 92
Ghar Dalam (N 11) 29, 85
Ghar Hasan (N 12) 30
Ghar Lapsi (J 11) 63, 84
Gharb (Gozo) (B 2) 37, 93
Gharghur (K 7/8) 59
Gnejna Bay (G 8) 36
Golden Bay (G 8) 35, 36
Gozo (A/G 1/4) 9, 37 f., 92
Gozo Heritage (D 3) 41
Great Fault s. Victoria Lines

Hagar Qim (K 11) 60, 84
Hal Saflieni (M 10) 59
Hompesch Gate (N 10) 59
Hypogäum (M 10) 59, 85

Informationen 22
Inland Sea (A 2) 44

Johanniter 6, 9, 11, 33, 41, 44, 51, 54, 56, 57, 64, 72, 73, 74, 76, 77, 79, 85, 86, 88

Karneval 14, 46, 79
Katakomben (J 9) 61
Kinder 19
Krankheit vordere Umschlaginnenseite

Laferla Cross (J 11) 63
Lija (K 8/9) 28, 29
Luqa (M 10) 22, 23, 24, 25

Madliena Fort (L 7) 58
Manoel Island (M 8) 64
Marfa Ridge (G 5) 56
Marsalforn (Gozo) (D 1/2) 38
Marsamxett-Fähre 67, 79
Marsamxett-Hafen (M 8) 7, 63
Marsaskala (O/P 10) 50
Marsaxlokk (N/O 11) 52, 85
Mdina (J 9) 54
Megalithtempel 6, 29, 36, 59, 60, 84
Mellieha (G/H 6) 56
Mellieha Bay (G 6) 56
Mgarr (Gozo) (E 3) 40, 92
Mgarr (Malta) (G/H 8) 36
Mgarr ix-Xini (Gozo) (D 4) 40

Register

Mnajdra (K 11) 60, 84
Mnarja-Fest 15, 34
Mountainbiking 18
Mosta (J/K 8) 58
Msida (L 9) 64

Nadur (E 3) 14, 92
Naxxar (K 8) 59

Öffnungszeiten vordere Umschlaginnenseite
Ostern 14

Paola (M 10) 59
Peter's Pool (O 11) 51, 52
Polizei vordere Umschlaginnenseite
Popeye Village (G 6) 19, 56

Qawra (J/K 6) 31
Qbajjar (Gozo) (C 1) 38, 40
Qrendi (L 11) 60

Rabat (H/J 9) 60
Ramla Bay (Malta) (G 5) 56
Ramla Bay (Gozo) (D 2) 48, 93
Reiten 18, 36
Roman Baths (G 8) 36

Sannat (Gozo) (C 3) 41
Santa Marija Bay (Comino) (F 4) 34, 89
Sicherheit 12
Sieggiewi (K 10) 63, 84
Skorba-Tempel (H 8) 37
Sliema (M 8/9) 63
Spinola Bay (M 8) 68
Sprache 13, 20
St. Julians (M 8) 67
St. Paul's Bay (J 6/7) 71

Ta'Cenc Cliffs (Gozo) (C 4) 42
Ta Kola Windmühle (Gozo) (D 2) 48, 93
Ta'Hagrat (H 8) 36
Ta'Qali (J 9) 62
Ta'Xbiex (M 8/9) 64, 66
Tarxien (M/N 10) 59, 85

Tas Salvatur (H 9) 90
Telefonieren vordere Umschlaginnenseite
Tennis 19, 63

Valletta (M/N 8/9) 6, 7, 72, 85, 86, 87
– Archäologisches Museum 75
– Auberge de Castile et Léon 74
– Casa Rocca Piccola 74
– Fort St. Elmo 73
– Großmeisterpalast 72
– Manoel Theatre 73
– Museum of Fine Arts 76
– Sacra Infermeria 74
– St. John's Co-Cathedral 72
– St. Paul's Shipwreck Church 74
– Toy Museum 76
– Upper Barracca Gardens 74
– War Museum 76
Verkehr 13
Victoria (Gozo) (C 2/3) 14, 42
– Archäologisches Museum 42
– Folklore-Museum 43
– Kathedrale 42
– Naturhistorisches Museum 43
– Zitadelle 42
Victoria Lines (G/H 8) 58
Vittoriosa (N 9) 79, 86

Wandern 18, 31, 40, 51, 56, 90
Wasser 13
Wassersport 18, 31, 34, 35, 38, 39, 49, 56, 63, 68, 80
Wignacourt-Aquädukt (L 9) 28

Xaghra (Gozo) (D 2) 46, 93
Xemxija (H 6/7) 80
Xlendi (Gozo) (B 3) 49
Xwieni Bay (C 1) 38

Zabbar (N 9) 51
Zebbieh (H 8) 37
Zejtun (N 10) 52
Zurrieq (L 11/12) 81